新\时\代\中\华\传\统\文\化
■ 知识丛书 ■

中华传统节日

主编◎李燕 罗日明

海豚出版社
DOLPHIN BOOKS
中国国际传播集团

图书在版编目（CIP）数据

中华传统节日/李燕，罗日明主编．－－北京：海豚出版社，2022.8
（新时代中华传统文化知识丛书）
ISBN 978-7-5110-6004-4

Ⅰ．①中… Ⅱ．①李… ②罗… Ⅲ．①节日－风俗习惯－中国 Ⅳ．① K892.1

中国版本图书馆 CIP 数据核字（2022）第 096769 号

新时代中华传统文化知识丛书
中华传统节日
李　燕　罗日明　主编

出 版 人	王　磊	
责任编辑	张　镛	
封面设计	郑广明	
责任印制	于浩杰　蔡　丽	
法律顾问	中咨律师事务所　殷斌律师	
出　　版	海豚出版社	
地　　址	北京市西城区百万庄大街 24 号	
邮　　编	100037	
电　　话	010-68325006（销售）　010-68996147（总编室）	
印　　刷	北京市兆成印刷有限责任公司	
经　　销	新华书店及网络书店	
开　　本	710mm×1000mm　1/16	
印　　张	11.5	
字　　数	100 千字	
印　　数	5000	
版　　次	2022 年 8 月第 1 版　2022 年 8 月第 1 次印刷	
标准书号	ISBN 978-7-5110-6004-4	
定　　价	39.80 元	

版权所有，侵权必究
如有缺页、倒页、脱页等印装质量问题，请拨打服务热线：010-51059905

序 言

2013年，习近平总书记在山东考察的时候说："一个国家、一个民族的强盛，总是以文化兴盛为支撑的，中华民族伟大复兴需要以中华文化发展繁荣为条件。"

中华民族是一个拥有悠久历史的伟大民族。在漫长的历史长河中，我们的祖先创造了辉煌的中华文化。这些文化是中华民族的精神支柱，这些文化帮助一代又一代的中华儿女战胜无数的困难，让中华民族历经沧桑却依然屹立于世界之巅。

丰富多彩的中华传统节日是中华传统文化的重要组成部分，是中国非物质文化遗产宝库中的瑰宝。中华传统节日是中华民族智慧的体现，节日寄托了中华儿女对生活的美好祝福和期盼，沉淀着五千年的悠久历史，蕴含着中华民族伟大的民族精神和璀璨的中华文化。

中华传统节日是维护国家统一、民族团结、社会和谐的重要精神纽带和载体。通过传统节日，中华各民族紧密团结在一起，一起书写新时代的篇章。在中华民族悠久的历史进程中，传统节日始终相伴，并融入人们的生产、生活、精神、情感之中，成为中华民族生命力、创造力和凝聚力不竭的源泉，推动着中华文化的不断发展。所以，我们要保护和继承中华传统节日。

不过，由于信息化和全球化的急速发展、工业化和城镇化的快速推进以及外来文化的影响，有些传统节日已经出现淡化的趋势。很多年轻人即便还过传统节日，也只是流于形式和表面，已经不再追究传统节日所蕴含的文化内涵和精神情感，为此我们编写了这本意在弘扬传统节日文化和精神的书。

为了让年轻一代更好地理解中国的传统节日，本书从众多传统节日中选取了10个影响力较大的节日，即春节、元宵节、清明节、端午节、七夕节、中秋节、重阳节、腊八节、祭灶节、除夕加以介绍。

2018年，习近平总书记在全国宣传思想工作会议上强调："中华优秀传统文化是中华民族的文化根脉，其蕴含的思想观念、人文精神、道德规范，不仅是我们中国人思想和精神的内核，对解决人类问题也有重要价值。要把优秀传统文化的精神标识提炼出来、展示出来，把优秀传统文化中具有当代价值、世界意义的文化精髓提炼出来、展示出来。"

在新的时代，我们要想向世界展示中华传统节日的魅力，首先要了解传统节日的起源、特点以及它们所承载的人文内涵。这正是本书要向各位年轻读者介绍的主要内容。

目 录

第一章 中华传统节日溯源

一、传统节日的起源 / 002

二、传统节日的发展 / 005

三、传统节日的魅力 / 008

四、传统节日所追求的精神内涵 / 011

五、传统节日的传承意义 / 014

第二章 爆竹声中一岁除——春节

一、春节的由来 / 018

二、古代人是怎么过春节的 / 020

三、春节拜年的习俗 / 024

四、春节有哪些禁忌 / 026

五、"年"的传说 / 029

第三章 火树银花不夜天——元宵节

一、元宵节的由来 / 032

二、古人元宵节赏灯盛况 / 035

三、元宵节有哪些习俗 / 037

四、东方朔与元宵的传说 / 041

五、王安石元宵节的奇遇 / 044

1

第四章　路上行人欲断魂——清明节

一、清明节的由来 / 048

二、古代人是怎么过清明节的 / 051

三、清明节有哪些习俗 / 054

四、清明节传统食物 / 057

五、清明节诗词 / 060

第五章　万古传闻为屈原——端午节

一、端午节的由来 / 064

二、古代人是怎么过端午节的 / 067

三、端午节有哪些习俗 / 070

四、端午节传统美食 / 073

五、端午节与孝女曹娥的传说 / 076

第六章　银汉迢迢暗渡——七夕节

一、七夕节的由来 / 080

二、古代人是怎么过七夕节的 / 083

三、七夕节有哪些习俗 / 086

四、七夕斗巧游戏有哪些 / 089

五、七夕你拜魁星了吗 / 092

第七章　今夜月明人尽望——中秋节

一、中秋节的由来 / 096
二、古代人是怎么过中秋节的 / 099
三、中秋节有哪些习俗 / 103
四、嫦娥奔月的传说 / 106
五、哪些国家也过中秋 / 109

第八章　夕餐秋菊之落英——重阳节

一、重阳节的起源 / 114
二、古代人是怎么过重阳节的 / 117
三、重阳节有哪些习俗 / 120
四、桓景降妖的传说 / 124
五、陶渊明的重阳节佳话 / 126

第九章　今朝佛粥交相馈——腊八节

一、腊八节的由来 / 130
二、古代人是怎么过腊八节的 / 133
三、腊八节有哪些习俗 / 136
四、腊八节的传说 / 139
五、文人笔下的腊八节 / 142

第十章　上天言好事——祭灶节

一、祭灶节的由来 / 146

二、祭灶节的民间传说 / 149

三、祭灶节有哪些习俗 / 152

四、独特的祭灶节文化 / 155

五、祭灶节的美食 / 158

第十一章　守岁接长筵——除夕

一、除夕的由来 / 162

二、古人在除夕夜做什么 / 165

三、你知道春联的由来吗 / 167

四、除夕的传统习俗 / 170

五、除夕的神话传说 / 173

第一章

中华传统节日溯源

中华传统节日大多源于上古时期的原始信仰、祭祀文化及天象、历法等人文与自然文化。

现代人类学、考古学的研究发现，人类初期非常崇拜自然界和祖先，并由此产生了各种崇拜祭祀活动，这些活动又和一些民俗文化结合起来，便形成了传统文化。

中华传统文化起源于原始崇拜，后来又跟农事活动、神话传说相结合，逐渐形成了绚烂多彩的节日文化。

一、原始崇拜

远古时期，由于缺乏科学知识，古人对自然界，诸如天地山川、风雨雷电、飞禽走兽，还有人类的祖先都会产生一种质朴的原始崇拜。很多传统节日都反映了这些原始崇拜。

比如，中国最普遍、最典型的崇拜就是对"龙"的崇拜。中国古人认为"龙"能呼风唤雨、腾云驾雾,"龙"对于以农耕为主的古人来说是非常重要的,所以中国早在伏羲氏时代就以"龙"为图腾,中国人也说自己是"龙"的传人。古代的吴越人,每年的五月初五会举行盛大庄重的祭祀活动,以此来表现自己龙子的身份,后来这一天演变成了现在的端午节。

中国古代是一个农业国家,古人认为是上天赐予风调雨顺,是土地赠予五谷丰登,所以古人怀着虔诚感恩的心祭拜天地。除了天地崇拜,古人还崇拜日月星辰,比如中秋节就是源于古人对月亮的崇拜。

古人认为人死后,灵魂不灭,对祖先祭拜会得到祖先的保佑和庇护,于是古人会在一个特定的时间去祭拜祖先,慢慢就形成了节日。比如,清明节就是源于对去世祖先的崇拜。

二、农事活动

中国自古以农耕为主。为了更好地安排农事,古人创造了历法和节气,许多传统节日都跟它们有关。比如:春节就是在汉代《太初历》制定以后固定下来的;

中国人计时的日晷(guǐ)

清明节本身就是二十四节气之一；像春节、元宵节、端午节、七夕节、中秋节、重阳节、腊八节、祭灶节、除夕，或多或少都跟二十四节气有关。

三、神话传说

远古时期，因为生产力低下，古人对一些现象无法科学解释，便通过幻想加以理解，于是便产生了神话。虽然神话不是现实生活的真实反映，但我们却能从神话传说中发现古人对宇宙、世界和人类自身的积极思考。

中国民间传说中的主人公一般都有名有姓，不过故事却不是真实的历史事件，而是人民群众的艺术创作。有些传说还跟传统节日结合起来，比如清明节中介子推的故事、端午节中屈原的故事、七夕节中牛郎织女的故事、祭灶节中灶王爷的传说等。这些神话传说丰富了传统节日的内涵，增加了传统节日的神秘气息，为传统节日增添了浪漫色彩。

中华传统节日是中华民族在生产生活实践中长期累积形成的。这些节日是逐渐形成、逐渐完善的。它们是中华文明进化发展的产物。

中华传统节日大多从远古时期发展而来。经过漫长的演变，逐渐渗透到社会生活之中。总的来说，中华传统节日的发展经历了四个阶段。

一、萌芽期

中华传统节日大多起源于先秦时期。比如春节、元宵、端午、七夕、重阳等节日在先秦时期已经有了萌芽。不过那时的节日习俗大多建立在原始崇拜的基础上，并且节日的时间也不固定，形式也很少。

二、形成期

到了汉代，因为大一统国家的形成，政治经济、科技文化的发展，为各种节日的形成提供了良好的土壤和条件，还有《太初历》的创建，打破了先秦时期的原始崇拜，于是一些传统节日也逐渐形成。比如，春节、元宵、端午、七夕、重阳、除夕等节日基本确定下来。

这一时期，一些节日开始跟历史人物结合起来。这样的结合比之前的原始崇拜和信仰更具人情味，也更加真实，使节日流传得更快、更广。比如，这时的端午节变成了纪念屈原，寒食节变成了纪念介子推的节日。

三、融合期

魏晋南北朝时期，因为民族大迁徙、大融合，使得各民族文化有了充分交流的机会，于是传统节日也进一步融合起来。比如，因为北方游牧民族进入中原地区，北方的骑射、蹴鞠等杂技游艺也开始融入到中原的一些节日习俗之中。这时，有的传统节日还吸纳外来宗教的元素，让人们更容易接受，节日文化也发展得更快。比如，腊八节就跟佛教结合起来。

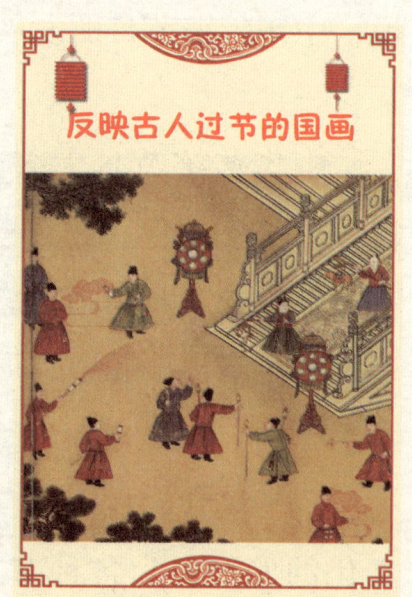

反映古人过节的国画

四、定型期

唐代是一个经济繁荣、文化昌盛的时代。那时万国来朝，唐朝的经济、社会、文化、艺术等都呈现多元、开放的特点，传统节日也从过去充满迷信、禁忌、祓禊（fú xì）、禳（ráng）除等神秘的气氛转向轻松、娱乐的气氛，让其成为真正的佳节。比如，之前春节放爆竹是为了驱鬼，但是到了唐代却变成了营造喜庆气氛的一种方式；之前元宵节的灯火是为了祭神，到了唐代变成了观赏为主；之前中秋节的祭月也变成了赏月、赏桂花等为主的活动；之前的重阳节由登高避灾变成了赏菊等活动。在一些节日中还增加了一些诸如放风筝、拔河等文娱活动，丰富传统节日的内涵。

后来的历朝历代，又在传统节日中加入一些新元素，到了明清时期，中华传统节日进入相对稳定的阶段。现在的传统节日主要是在明清时期的基础上定型的。

三、传统节日的魅力

中华民族在其悠久的历史中,创造出辉煌的传统文化,作为传统文化重要组成部分的传统节日,亦有其独特的魅力。

节日是人类社会发展到一定阶段的产物,是人类文化发展的标志,是人类社会发展中的"活化石"。中华传统节日在形成发展过程中,形成了自己独特的魅力。

一、中华传统节日起源于农耕生活

仔细想想就会发现,中华传统节日中的一些活动,像祭祀、庆祝、游乐等都跟中国古代农耕生活密切相关。

拿春节来说,既是对上一年丰收的庆祝,也是对新一年风调雨顺的祈福;清明节万物复苏,正是播种并祈求丰收的好时节;端午节时,天气渐热,一些有危险性或有毒动物开始出来活动,于是人们就祈求驱邪避祸;七夕,反

第一章　中华传统节日溯源

映了古代男耕女织及家庭婚恋的生活；中秋的赏月、拜月活动，则表现了丰收后的喜悦和家人团聚的幸福。

二、中华传统节日是一种综合的文化现象

每一个中华传统节日都不仅仅是祭祀、庆祝、娱乐，而是一种综合的文化。

中华传统节日涵盖了天文、地理、伦理、道德、人文、历史、政治、经济等方面知识，从多个角度体现了中国人民的聪明才智，比如春节期间一系列的庆祝活动都蕴含着丰富的文化。

中国是一个多民族大家庭，各民族和地区的节日习俗不断相互融合，从而形成了大家普遍认可的节日文化。比如，春节在园内竖立灯笼杆是融合了满族祭神杆的习俗，还有踩高跷、荡秋千、杂技等则受到少数民族习俗的影响。

不过因为各少数民族历史和文化的差异，一些节日表现出明显的民族性和地区性，一些少数民族也有自己独特的节日。比如，蒙古族的"那达慕大会"，傣族的"泼水节"，彝族、白族、

那达慕大会盛况

纳西族、基诺族、拉祜族等民族的"火把节"等。这些节日和汉民族节日一起构成了中华民族的传统节日。

　　正是传统节日的这些独特魅力，让中华传统节日绵延不断，一直流传至今，并且还会一直传承下去。

四、传统节日所追求的精神内涵

传统节日中的饮食文化、服饰文化、节日仪式文化、习俗文化等,是传统节日文化物质层面的表现。你知道传统节日文化所追求的精神层面是什么吗?

因为中国的历史悠久,所以中国有多种多样的传统节日。中华传统节日名目繁多,有祭祀祖先的,有用来祈福的,有纪念人物的,有消遣娱乐的,等等。不过,这些只是传统节日的不同表现形式,透过这些节日的不同形式,我们可以看到节日背后所折射出的精神内涵。

一、贵和尚美

中华民族崇尚贵和尚美,这点经常在传统节日中有所表现。比如:中国的一些节日中有团拜、探亲等仪式,通过这些活动加强人与人之间的关系;中国的很多节日还开展一些比赛活动和娱乐活动,同时还要营造节日气氛。这些都让人们内心的情感和期望得到释放,从而加强人对集体的体验和依赖,使得人际关系更加和谐,使得我们的社会更加安定。

此外,传统节日也调节了各民族之间的关系。这是什么意思呢?你看,一个民族可以通过节日和平地向其他民族展示自己的特色文化、友好和睦等,通过节日就能弘扬本民族的精神,增进其他民族的了解。在欢乐的节日中,不同民族相聚在一起庆祝,通过这些活动能增加民族认同和文化认同。

二、天人合一

中华传统节日深深扎根于古代农业社会文明,几乎每个节日都跟农业生产有关,蕴含着中国古代劳动人民在长期生产实践中总结出来的经验。每一个节日的时间、地点和各项活动都适时调节了人与人、人与社会、人与天地万物的关系,以期达到"天人合一"的最高境界。

喜庆的中国春节

中华传统节日的选择体现了人顺应自然的理念,体现了民众根据自然规律进行农业生产的实践，就连节日庆祝也表现了人们对风调雨顺的期盼。此外，节日文化还反映出人们重视人与自然和谐相处的特点。比如清明节的踏青、端午节的划船竞赛、中秋节的赏月等，都与大自然有着"深度"的接触。

三、以人为贵

中国很多传统节日都体现了以人为贵的思想，很多节日都凸显了亲情。这是维系中华民族人际关系的一个重要的感情纽带。此外，中华传统节日还体现了中华民族传统伦理和礼俗。比如春节和中秋节就体现了中华儿女追求阖家团圆的愿望，清明节人们对祖先的祭祀仪式，表现出中华民族对孝道的重视。

五、传统节日的传承意义

中华传统节日是中华民族文化与精神的重要载体,凝结着民族精神和民族情感,保护和传承传统节日是每个中华儿女应尽的责任。

古埃及、古巴比伦、古印度和古代中国是世界四大文明古国,当其他三个文明古国都消失在历史变迁中时,只有中华文明依然传承不辍。这说明了什么?这说明中华文明具有强大的生命力。

中华传统节日是中华民族跟其他民族区分开来的标志,也是中华民族生生不息的动力。在全球化的新时代,继承和发扬中华传统节日中优秀的传统文化能增强民族认同感、能凝聚人心、能激发民族斗志,让中国早日和平崛起。

中华传统节日文化经过几千年沉淀,每个节日文化背后都是中华文明史中某段历史或片段的升华和折射,都蕴含着无数先哲的创造。从大年初一到除夕之夜,一年的传统节日文化是一个高度浓缩的中华文化链,人们在各种节日中将中华文化传播开来,世世代代传承至今。

在中华传统节日中还保留着中华民族独特的文化记忆,这些独特的文化影响着中华民族的价值观、文化观、生活观和审美情趣。比如,春节、元宵、中秋、除夕等节日习俗中都宣扬阖家团圆、普天同庆的思想,这是老祖宗留给我们的宝贵财富。我们之所以在这些节日都要回家团圆,就是因为对这些节日文化的认同。这是中华民族共同认同的文化,是我们跟别的民族不同的文化,这就是传统节日文化带给我们的精神财富。

21世纪是一个多元文化并茂的时代,很多外来文化随着网络的普及进入我们的视野,这对中华文化造成了一定的影响。我们在保护和继承传统节日文化时,要坚持与时俱进,要以现代化、科学化、大众化的眼光,去看待我们的传统节日文化,要以面向世界和未来的格局继承传统节日文化,不断挖掘传统节日文化的精华加以发扬。

在保护和继承传统节日文化时,我们要紧抓其核心部分,将其吸收和消化,然后结合当前的实际情况让其融入现代生活中。只有与时俱进的传统节日文化，才能永葆青春，才能在新的时代焕发新的光彩。这样的传统节日文化才能推动社会主义精神文明的发展，才能让中华民族屹立于世界之巅。

第二章

爆竹声中一岁除
——春节

一、春节的由来

每年一放寒假，大家最期待的就是春节了，因为春节不仅有好吃的、好玩的、好看的，还有压岁钱。那么，你们知道春节的由来吗？

春节，俗称"过年"，也叫"阴历年"，是中国农历的新年，也是正月初一。它是中华民族最重要、最隆重、最热闹的一个传统节日。

春节的历史悠久，据记载，兴起于公元前两千多年的帝舜时期，距今已有四千多年的历史。当年帝舜继承天子之位时，带领臣子百姓祭拜天地，于是这一天便被称为新年的第一天，也叫岁首，据说这就是农历新年的由来。

你们知道吗？古代新年的日期是不断变化的。夏朝的时候，新年是正月初一，但是到了商朝，却改成了十二月初一，后来周朝又改成了十一月初一，最奇怪的是，秦朝的新年居然是十月初一！不过，到了汉朝，汉武帝接受司

第二章　爆竹声中一岁除——春节

马迁等人的建议，开始使用《太初历》，明确规定正月初一为新年，于是后来正月初一便成为新年的第一天。

其实把中国农历新年称为"春节"，不过才一百多年的历史。是不是很奇怪？这是怎么回事呢？原来古代的新年叫"上日""元日""改岁""岁旦""正日""元首""新元""元旦"等名字。在这些称谓中"元旦"是使用最多，也是使用时间最久的。为什么古人要把新年叫"元旦"呢？因为"元"的意思是"头"，引申为"开始"；而"旦"就是太阳刚从地平线上升起，表示是早晨。于是"元旦"就是一年的第一个早晨，也就是新年了。

清朝的时候，中国农历新年就叫"元旦"或"元日"。辛亥革命后，清朝统治被推翻，成立了中华民国。民国政府采用国际公历（就是现在所说的阳历）来纪元，于是在1911年12月31日将公历1月1日定为"新年"，也叫"元旦"，将农历正月初一改为"春节"。

1949年，中华人民共和国成立后，中国人民政治协商会议通过了使用"公历纪年法"，将每年公历的1月1日称为"元旦"，将农历正月初一称为"春节"，并规定春节假期，让人们热烈庆祝传统的农历新年。

二、古代人是怎么过春节的

在那个没有电视、手机的时代,古人会用什么方式来庆祝新年呢?

其实,我国直到先秦时期,才慢慢有了庆祝新年的仪式。那时一年的农事活动结束后,人们为了表达对神灵的感恩,会举行一些"腊祭"活动。比如,在《诗经·豳风·七月》中就记载了西周时期人们酿酒宰羊的庆祝场景:"九月肃霜,十月涤场。朋酒斯飨,曰杀羔羊。跻彼公堂,称彼兕觥,万寿无疆。"这段话记述了古人虔诚地将美酒和羔羊奉献给各路神仙的情景,古人通过这种活动来表达对神祇的尊敬与感谢。不过当时诸侯国比较多,每个国家采取的历法也不一样,所以那时的庆祝活动日期也不统一,大概集中在冬天农闲的时候。这些庆祝活动就是后来庆祝新年的雏形。

后来秦朝统一了中国,不过因为秦朝徭役赋税太重,

第二章　爆竹声中一岁除——春节

导致民不聊生，这时人民根本没能力庆祝新年。直到汉朝开始推行"休养生息"的政策后，人们的生活才变得好一些，生活热情开始高涨，大家才有心情和能力去搞一些庆祝活动。

汉武帝开始推行《太初历》后，便将正月初一作为新年正式确立下来，于是，之前各个地方的酬神、祭祀和庆祝活动便逐渐统一到正月初一这一天进行。

汉朝时，春节的重要活动是祭祖。比如，东汉崔寔在《四月民令》中写道："正月之旦，是谓'正日'。躬率妻孥，絜祀祖祢。"意思就是正月初一叫"正日"，那一天要带着老婆孩子祭祀祖先。

魏晋时，开始有了关于"守岁"习俗的文字记载。晋朝周处在《风土记》中记载："除夕之夜，各相与赠送，称为'馈岁'；酒食相邀，称为'别岁'；长幼聚饮，祝颂完备，称为'分岁'；大家终夜不眠，以待天明，称为'守岁'。"这个习俗一直沿袭到现在。

到了唐朝时，由于经济文化的繁荣，习俗发生了很大的变化。新年习俗也由之前祈祷、祭祀等迷信活动开始向娱乐、礼仪方向转变；新年的庆祝重点也由祭祀神灵开始向娱人方向转换。

除登门拜年，唐代人还发明了一种"拜年帖"。这种"拜年帖"来源于唐太宗李世民的赤金箔"贺卡"。他在"贺卡"上写下"普天同庆",然后赐予大臣。有皇帝带头,这个形式很快在民间普及开来。不过普通人可没什么赤金箔,便改为梅花笺纸,大家开始相互写"拜年帖",当时这种"拜年帖"被称为"飞帖",于是这个普天同庆的"良辰佳节"——过新年,便从唐代开始流传下来。

到了宋代,大家在过年的时候开始吃饺子,不过宋朝人称"饺子"为"角子"。宋代吴自牧在《梦粱录·宰执亲王南班百官入内上寿赐宴》中记载:"凡御宴至第三盏,方进下酒咸豉、双下驼峰角子。"宋代时已经出现了使用纸包住火药做成的爆竹,于是除夕、春节放爆竹的习俗开始逐渐流传下来。比如宋代孟元老的《东京梦华录》中就记载:"是夜,禁中爆竹山呼,闻声于外。"

到了明朝的时候,又开始盛行接灶神、贴门神、除夕守岁、十五赏灯会等活动。比如,《万历嘉兴府志》中记载:"除夕,易门神、桃符、春帖,井限皆封。爆竹,燔紫,设酒果聚饮,锣鼓彻夜,谓之守岁。"

清代朝廷是非常重视过新年的,那一天宫廷里极尽奢华,皇帝忙着写"福"字赐给群臣,这种庆祝活动一直要持续到元宵节才算结束,当时流行的取乐方式是猜灯谜。

跟之前的新年庆祝活动不同,明清时期侧重于礼仪性和应酬性。新年那天,人们要相互拜谒,达官贵人们还流行互送名帖或者登门叩拜;平民百姓也讲究互赠礼品,相互拜年。整个新年期间,还有耍狮子、舞龙、演戏、说书、踩高跷等娱乐活动,让人应接不暇。

看了古代人庆祝春节的方式,再看看我们现代人庆祝春节的方式,你更喜欢哪一种呢?

三、春节拜年的习俗

拜年是春节期间一项重要的习俗,是大家辞旧迎新的一种形式,是人们互相表达美好祝福的方式。

大年初一这一天,人们早早起床,穿上新衣戴上新帽,开门后先放爆竹,这叫"开门炮仗",之后的碎红满地叫作"满堂红",吃完早饭后开始走亲串友,互相拜年。

拜年的历史由来已久,宋人孟元老在《东京梦华录》中记载北宋时期汴京(北宋的京城,今河南省开封市)的"拜年":"十月一日年节,开封府放关扑三日,士庶自早相互庆贺。"从这个记载可以看出,当时还有三天假期呢。还有宋人周煇在《清波杂志》中是这样记载的:"宋元祐年间,新年贺节,往往使用佣仆持名刺代往。"可以看出,当时大家是用"名刺"(名帖)拜年的。这两个记载说明,当时的"拜年"已经有了一定的特点,形成了早期形式。

到了明代时,陆容在《菽园杂记》中是这样记载的:"京师元旦日,上自朝官,下至庶人,往来交错道路者连日,谓之'拜年'。然士庶人各拜其亲友多出实心。朝官往来,则多泛爱不专……"从这个记载可以看出,到了明代拜年已经开始盛行,上自百官,下至黎民百姓,大家都相互庆祝。

至于怎么拜年,清代顾铁卿在《清嘉录》中是这样描写的:"男女以次拜家长毕,主者率卑幼,出谒邻族戚友,或止遣子弟代贺,谓之'拜年'。至有终岁不相接者,此时亦互相往拜于门……"

随着"拜年"的兴起,清代还出现了"团拜"。什么是"团拜"?清代《侧帽余谭》中是这样记载的,"京师于岁首,例行团拜,以联年谊,以敦乡情"或"每岁由值年书红订客,饮食宴会,作竟日欢"。从这些记载中可以看到,当时"团拜"已经属于"例行"活动了。没想到古人竟是这么"时尚"!

古时候拜年是晚辈向长辈行叩首礼,祝福长辈健康长寿、新年万事如意。长辈接受晚辈的叩首礼后,要送给晚辈"压岁钱"或糖果,用来表达对晚辈的美好祝福。拜年的顺序也是有讲究的,先家内、后家外,一般初一拜本家,初二拜岳父母家,初三拜其他亲友。

四、春节有哪些禁忌

春节是一个很重要的传统节日,在这个节日里,人们讲究大吉大利,所以有些事是不能说不能做的。我们要了解一下春节的禁忌,以免惹长辈们生气。

过春节讲究吉祥如意,因此古代的人们往往有很多忌讳。

一、早晨不能吃稀饭、荤食

古代只有穷人家吃不起饭才会吃稀饭,如果新年第一天的早晨就吃稀饭,则意味着接下来的一年财运都不好。另外,初一早晨,所有神仙都会出来拜年,为了表示对神的尊敬,所以不能吃荤食,要吃素食。

二、不能说不祥话

春节期间说话一定要注意点儿,不要说"破、坏、没、死、光、鬼、杀、病、穷"等不吉利的字,如果你的爸妈在春节期间骂你,记得提醒他们春节期间忌"呵斥小孩"、忌"骂人"。

三、不能换洗打扫卫生

古人大年初一早晨不能剃头,不能洗澡、洗头、洗衣服,古人认为这样做财富和财运会被洗掉。此外,大年初一还不能打扫卫生,否则就会扫走家里的财运。如果非要扫地,要记得从外向里扫,将垃圾堆在屋里不要倒掉。

四、不能动刀、剪、针

我们的老祖宗告诫道,"初一动了刀和剪,口舌是非全难免""初一动了针钱,挑了龙筋长针眼"。所以大年初一,忌讳去摸刀啊、剪啊、针线什么的。估计老祖宗根本没想到现代人摸针线的太少了,摸手机的太多了,如果老祖宗知道这个,会不会也不让摸手机呢?

五、不能打碎器物

古人认为初一打碎器物是一个不好的兆头,表示新的一年运势都不好。如果真的比较"倒霉"一不小心打碎了碗碟什么的,大家要记得赶紧说一声"岁(碎)岁(碎)平安"或者"越

红包和压岁钱

打越发"等吉祥话来化解。

六、不能吃鱼头、鱼尾

因为有"年年有余"一说,所以过年期间鱼是一道必备菜。不过,春节期间吃鱼的时候,要记得留下头尾啊,这样意味着来年不仅吃穿不愁,还有剩余。

七、白天不可午睡

春节期间如果白天睡午觉,则表示一年都很懒惰。其实,春节期间会有客人到家里来拜年,睡午觉对客人是一件失礼的事情。

八、不能跟还在睡觉的人拜年

如果大年初一给别人拜年时,别人还在睡梦中,那就不要跟他拜年了,等他起床后再拜,古人认为如果不这样可能会让对方一整年都在病床上。

五、"年"的传说

过年不仅集中体现了中华民族的思想信仰、理想愿望和文化心理,也是祈福、饮食和娱乐活动的彰显。

传说很久很久以前,有一个叫"年"的怪兽,它平时藏在海底,每到除夕那一天就爬上岸来胡作非为,伤人害畜。

"年"非常凶猛,所到之处无人能敌。它头上长着尖尖的犄角,身上长着结实的皮,这皮结实得刀枪不入。面对凶猛又无法战胜的怪兽,人们只能采取躲避的办法,于是每到除夕这一天,大家就扶老携幼,逃往深山。

有一年,除夕又到了,桃花村的村民像往年一样,忙着收拾东西准备逃到深山里去。这时村里来了一位白发苍苍、拄着拐杖的老人,大家因为忙着收拾要带的东西,忙着封闭门窗,没人关心这位老人,只有村东头的一位老婆婆给了老人一些食物,并叮嘱他快点儿上山躲避"年"兽。

但是,这位白发老人却告诉老婆婆,他不会去山里躲避怪兽,只要让他在她家住一晚,他就能将"年"赶走。老婆婆还是劝老人跟大家一起上山躲避,但老人坚持留下,眼看天也快黑了,大家只能撇下老人匆匆上山去了。

当天夜里,"年"像往常一样走进桃花村准备大肆破坏,突然看到村东头的老婆婆家里灯火通明,门上还贴着大红纸。"年"有些害怕又有些生气,狂叫一声向老婆婆家跑去,可突然听到"噼里啪啦"的爆竹声,"年"开始战栗起来,再也不敢向前一步了。原来"年"害怕红色、火光和炸响。这时,老婆婆家的大门打开,一位身披红袍的老人威武地站在门前朝它哈哈大笑,"年"大惊失色,赶紧逃到海底藏了起来。

第二天,人们从深山回来后发现村子居然一点儿都没被破坏,这才恍然大悟。原来白发老人是老天派来帮助大家驱逐"年"的神仙,神仙留下了驱逐"年"的三件法宝:爆竹、红蜡烛、红对联。人们非常开心,纷纷穿上新衣跑到亲朋好友家道喜问好。

很快,对付"年"的方法传播开来。于是,每到除夕,家家户户都贴上红对联,燃放爆竹,并且灯火通明,守更待岁。初一一大早,大家走亲串友,相互道喜问好,于是这习惯越传越广,最后成了中国最隆重的传统节日——春节。

第三章

火树银花不夜天
——元宵节

一、元宵节的由来

元宵节的节期是每年农历的正月十五，也叫上元节、小正月、元夕或灯节。

元宵节大约起源于西汉时期，距今已有两千多年的历史，不过直到汉魏之后才成为中国的传统节日之一。关于其由来有以下几种说法。

一、汉文帝为平定"诸吕之乱"而设

汉高祖刘邦死后，吕后的儿子刘盈称帝，也就是汉惠帝。汉惠帝生性懦弱，导致汉政权落入吕后之手。刘盈死后，吕后独揽朝政，于是刘氏的天下变成了吕氏的天下。

吕后死后，吕氏家族密谋叛乱，以便彻底夺取刘氏天下。刘氏宗室齐王刘襄听说此事后，决定起兵讨伐吕氏家族。最后，正月十五那一天，刘襄与开国老臣周勃、陈平联合，彻底平定了"诸吕之乱"。

吕氏叛乱平定后，刘邦的第四个儿子刘恒继位，即汉文帝。汉文帝把平息"诸吕之乱"的日子定为与民同乐之日，那一天京城里家家张灯结彩，以示庆贺。从此，正月十五便成了一个普天同庆的民间节日，也就是"元宵节"。

不过这个说法并没有确切的史料可以考证，只是一个传说。

二、汉代祭祀"太一神"

在汉文帝时，已下令将正月十五定为元宵节。汉武帝时，"太一神"的祭祀活动定在正月十五。"太一神"也称"太乙神"，他主宰人间的风雨、饥馑和瘟疫，是主宰宇宙一切的神。司马迁在《史记·乐书》中记载："汉家常以正月上辛祠太一甘泉，以昏时夜祠，到明而终。"说明汉朝常在正月的第一个辛日在甘泉宫祭祀太一神，从黄昏开始，直到第二天的黎明才结束。因此司马迁创建《太初历》时，就已将正月十五元宵节确定为"重大节日"。

三、来源于宗教的"三元说"

道家有天界、地界、水界之说，即上、中、下三元，分别由天官、地官、水官主管，天官赐福，地官赦罪，水官解厄，并以三元配三官，说上元天官是正月十五生，中元地官为七月十五生，下元水官为十月十五生。道家便将"三官"与时日节候相匹配，将正月十五定为"上元"，七月十五定为"中元"，十月十五定为"下元"，于是正月十五就称为"上元节"。南宋的吴自牧在《梦粱录》中说："正月十五元夕节,乃上元天官赐福之辰。"那一天,人们要宰杀牲畜祭祀天官以祈求赐福,所以元宵节也叫"上元节"。佛教中也有一些元素被吸纳进上元、中元等节日中。

四、起源于火把节

据说,元宵节起源于上古民众在田野上用火把驱赶虫兽,以此减轻虫害,企盼有一个好的收成。隋唐宋以来,火把节更是盛极一时,直到今天,我国西南一些地区的人们还在正月十五那天举着火把在田头或晒谷场跳舞。

以上只是元宵节由来众多说法中的四种。其实每一个节日的形成都是一个漫长的过程,不是一下就能形成的,而且是由多种文化习俗综合而成。

二、古人元宵节赏灯盛况

古时将正月称为元月，将夜称为"宵"，所以正月十五也就叫"元宵节"，元宵节这一天除了美食元宵，古人还会赏花灯、猜谜语等。

元宵节起源于古代民间赏灯祈福的习俗。据说西汉时期已经开始重视正月十五了。到了汉明帝（东汉）时，他听说佛教有正月十五点灯敬佛的礼仪后，就命令皇宫和寺庙要在正月十五这一天也点灯敬佛，还命令士族庶民也挂上灯笼，于是就形成了元宵节赏灯的习俗。不过汉代的都市实行"宵禁"，为了方便大家赏灯，特许正月十五那一天不禁。《汉书》记载："执金吾掌禁夜行，唯正月十五敕许弛禁，谓之'放夜'。"

南北朝的时候，由于战乱四起、民生凋敝，一些娱乐活动在民间难以开展，直到隋唐时期国家又统一后，元宵节才开始盛行起来。

隋炀帝时，每年会在元宵节那天举行晚会，晚会时还要邀请外国来宾和使者。据《隋书·音乐志》记载，当时的元宵庆典非常隆重，到处张灯结彩，还有歌舞，仅表演者就达三万之多，奏乐者差不多有两万人，搭的戏台有四公里长，街上观灯的人更是不计其数，可见隋朝时元宵节已经非常隆重了。

到了唐朝，元宵节的灯市更是盛况空前，为了方便大家在元宵节欣赏花灯，皇帝特许开宵禁三天，比汉代又多了两天。到了中唐以后，元宵节已经成为一个全民狂欢的节日。据《大唐新语》记载，从元宵节那天夜里开始，长安城要放三天的花灯。

到了宋朝，张灯由三夜延长至五夜，除了灯彩外还放焰火、表演各种杂耍。这时大街小巷、茶坊酒肆都灯火通明、锣鼓喧天、鞭炮齐鸣，百里灯火长夜不灭，非常热闹。

明代朱元璋当了皇帝后，就规定从正月初八开始上灯，到正月十七才落灯，连续十夜家家户户挂着彩灯，街上鼓乐齐鸣，通宵达旦人来人往。

到了清代，灯会的日期缩短为五日，不过花灯的种类更加多样化。这时虽然宫廷不再办灯会，但是民间却有举办的，并且非常壮观。

三、元宵节有哪些习俗

经历了两千多年的发展,全国各地形成了丰富多彩的元宵节活动,比如吃元宵、赏花灯、猜灯谜、舞龙、舞狮子等就是其中几项重要的民间习俗。

关于元宵节的习俗在全国各地不尽相同,不过主要有吃元宵、赏花灯、猜灯谜等一系列传统民俗活动。

一、吃元宵

说到元宵节,很多人首先想到的就是吃元宵。作为元宵节的美食之一,元宵的历史由来已久,据说还跟孔子有关。

相传春秋末期某一年的正月十五,楚昭王经过长江时,看到江面漂浮着圆圆的东西,外白内红,而且非常好吃,于是派人去问知识渊博的孔子。孔子说:"这是浮萍果，得到此物的人会有好运。"为了一直有好运，以后每年的正月十五，楚昭王就让人用面仿制这种果子，并用山楂做成红色的馅，于是便有了元宵节吃元宵的习俗。

南方和北方的元宵有所不同。在南方，称元宵为"汤圆"，是用糯米面包出来的，光滑细腻；在北方，元宵就叫元宵，不过是用糯米面滚出来的，非常有咬劲。不管南北方元宵有什么区别，元宵节吃元宵都象征着团团圆圆、和睦幸福，寄托了人们对未来美好生活的向往。

二、赏花灯、猜灯谜

你知道元宵节还有一个名字叫"灯节"吗？从这个名字就能知道元宵节的一个重要活动是赏花灯。

中国赏花灯的历史源远流长。据说从汉明帝开始，每年正月十五就会在宫中和寺院里点灯，民间各家各户也都挂上灯笼。到了唐代更是盛况空前，这点从唐代诗人苏味道的诗句"火树银花合，星桥铁锁开。暗尘随马去，明月逐人来"中可见一斑。

元宵节花灯与灯谜

随着元宵节赏花灯从宫廷走向民间，猜灯谜的活动也兴盛起来。灯谜是从谜语发展而来的，是我国独有的一种文学形式。南宋的时候，人们将谜语写在纸条上，挂在五光十色的花灯上，供人来猜。

南宋词人周密在《武林旧事·灯品》中记载道："又以绢灯剪写诗词，时寓讥笑，及画人物，藏头隐语，及旧京诨语，戏弄行人。"这里的"隐语"就是谜语，所谓"藏头"就是将谜底隐藏在每句的开头。

灯谜是一种诙谐的文艺游戏，非常有趣，比如："两点天上来（打一字）""上下四方都无险（打安徽一地名）""无头无尾一亩田（打一字）"，你知道它们的谜底是什么吗？

三、走百病

元宵节那一天除了一些庆祝活动之外，还有一种消灾祈健康的活动，比如"走百病"。"走百病"又叫"散百病"，是明清以来北方的风俗，参与者多为妇女。正月十五日或十六日的夜晚，她们穿着漂亮的服装，相约一起走出家门，走桥渡危、登城、摸钉求子，直到半夜才回家，认为这样可以驱病除灾。

四、迎紫姑

相传紫姑（北方多叫厕姑）是一个善良的穷苦人家的姑娘，正月十五那一天饿死在厕所。老百姓对她的遭遇非常同情，便在正月十五这一天的夜晚，用稻草、布头等扎成真人大小的紫姑肖像，将其放在常干活的厕所、猪圈和厨房旁边迎接她。妇女们就像对待自己的亲姐妹一样，拉着她的手，跟她说一些知心话，安慰她。从这个习俗能看到中国老百姓的善良、忠厚、同情弱者的思想感情。

四、东方朔与元宵的传说

中国每个节日都有一些美丽的传说,每一个传说背后都寄予了人们殷切的期望,比如下面这个"东方朔与元宵姑娘"的传说就表达了跟家人团聚的美好愿望。

东方朔是西汉著名文学家,善良、风趣、足智多谋,经常在汉武帝面前谈笑取乐,据说汉武帝非常宠爱他。

有一年冬天一场大雪后,东方朔到御花园给汉武帝折梅花。刚进御花园的大门,就看到一个宫女在痛哭。东方朔急忙上前去询问怎么回事。宫女说她叫元宵,自从进宫后就再也没有见过自己的父母和妹妹,每年到了蜡梅盛开的时节,她就更加思念自己的亲人。这天早晨看到大雪纷飞,想到这样寒冷的天气自己也不能在父母面前尽孝,因记挂家中亲人的安康,就忍不住痛哭起来。

东方朔听了元宵姑娘的诉说，被她的一片孝心所感动，于是向她保证想办法让她和家人见上一面。

东方朔回去后，就想出了一条妙计。他在长安街上摆了一个占卜摊，很多人都来占卜求卦。不知道怎么回事，所有人所占所求的签语都是"正月十六火焚身"。这样奇怪的签语很快引起长安人的恐慌，大家纷纷询问这是怎么回事。东方朔解释道："根据签语，长安城将有一场大火。正月十三的傍晚，火神君会派一位神女下凡查看，她就是奉旨烧长安的使者。我也没有好办法化解这场火灾，我把偈语抄给你们，你们拿去给当今天子看，让他想想办法吧。"说完，便扔下一张红帖走了。

长安城的百姓赶紧拿起红帖，送到皇宫并将事情上报给汉武帝。汉武帝看到红帖上写着"长安在劫，火焚帝阙，十五天火，焰红宵夜"。这怎么办？于是，急忙派人将足智多谋的东方朔请来了。

东方朔故意思索好一会儿才说："听说火神君非常爱吃汤圆，我还听人说宫女元宵的汤圆做得非常好。正月十五晚上，陛

第三章　火树银花不夜天——元宵节

下您让元宵做一些汤圆，然后您焚香上供。另外，让长安城内家家都做汤圆，一齐敬奉给火神君。再让臣民在正月十五晚上都挂起灯笼、点燃鞭炮、放烟火，看起来好像满城大火，这样就可以瞒过玉帝了。此外，还要通知城外的百姓，让他们正月十五晚上都进城来看灯，这样就可以消灾解难。"

汉武帝觉得这个办法很好，就传旨按照东方朔的方法去做。

到了正月十五日夜里，长安城里张灯结彩，非常热闹。宫女元宵的父母也带着妹妹一起到长安城来观灯。当他们看到写有"元宵"字样的大宫灯时，开心呼喊："元宵！元宵！"元宵听到喊声后，看到了久别的亲人，一家人终于团聚了。

五、王安石元宵节的奇遇

跟元宵节有关的趣事很多,最让人津津乐道的恐怕就是王安石在元宵节的奇遇了。

王安石是北宋著名思想家、政治家、文学家、改革家。有一个关于他和元宵节的民间传说,虽然是虚构的,但却也颇为有趣。

相传王安石为了进京赶考来到京城汴京,进城时正好赶上元宵节。那一天,汴京城非常热闹,到处挂满灯笼,他一边走一边欣赏两边的花灯。经过一个大户人家时,看到门口围满了人,他很好奇,就过去打听。原来是马员外家的女儿为了找到一个如意郎君,采用了对对联的方式。

马小姐在门口的灯笼上贴出了上联:"走马灯,灯走马,灯熄马停步。"王安石看后连连称妙,左想右想也没想出一个合适的下联,因为着急去考试,只得离开,不过离开的时候将上联默默记在心中。

第三章　火树银花不夜天——元宵节

殿试对王安石来说非常简单，他很快就答完了。主考官看完他的试卷非常满意，立刻让他面试。王安石来到大殿后，主考官只出了半副对子："飞虎旗，旗飞虎，旗卷虎藏身。"听到这个对子，王安石马上就将招亲的那个对联对出，主考官非常满意。

王安石返回家乡的时候，又经过马员外家，马员外千金的对子还是没人对出，于是他便挥笔写下主考官的对子："飞虎旗，旗飞虎，旗卷虎藏身。"马小姐看王安石不仅对子对得好，字也写得苍劲有力，便芳心暗许，于是马员外就招王安石为乘龙快婿。两人大婚之时，王安石金榜题名的消息正好传来，这正是喜上加喜、双喜临门啊。

王安石不忍欺骗新娘子，便把事情的全部经过一五一十都告诉了新娘子，于是便有了元宵佳节的一段千古美谈。

历史上的王安石当然迎娶的不是什么马小姐，而是他的表妹吴琼。但是，你知道吗？王安石从小就酷爱读书，他读了很多书，能背诵很多名人的文章，还跟随父亲到各地考察，体验民间疾苦，这才形成了独特的语言风格，成为"唐宋八大家"之一，并留下了诸多的民间传说。

第四章

路上行人欲断魂
——清明节

一、清明节的由来

清明节，也叫踏青节、祭祖节、三月节，既是中国的传统节日，也是二十四节气中的一个自然节气。

清明原本是二十四节气之一，一般在公历4月4日到6日之间。《淮南子·天文训》记载："春分后十五日，斗指乙，则清明风至。"为什么叫"清明"？《岁时百问》解释说："万物生长此时，皆清洁而明净，故谓之清明。"

清明时阳光明媚，万物复苏，雨量增多，正是播种的好时节，有"清明前后，种瓜点豆"之说。只是，这样一个节气怎么又成了一个祭祀祖先的节日呢？

这跟寒食节有关。寒食节，也叫禁烟节、冷节，在冬至后的第105天，也就是清明前一两天。寒食节持续三天，其间不能生火，只能吃冷食。

第四章 路上行人欲断魂——清明节

相传春秋时期，晋国公子重耳为了躲避灾难，流亡国外。在流亡期间，重耳受尽了屈辱，原来跟随他的臣子也一个个离去，只剩下忠心耿耿的介子推一直陪伴在身边。有一次，重耳饿晕在路边。为了救重耳，介子推忍痛从自己大腿上割下一块肉，烤给重耳吃。

后来，重耳在秦国的帮助下，得以回到自己的国家，成为晋文公。他继位后，开始封赏那些帮助过自己的大臣，却独独忘记了介子推。经过他人的提醒，晋文公才想起旧事，马上让人去请介子推来接受赏赐。只是介子推不想再卷入虚假的官场，已经带着老母亲躲进了绵山，隐居起来。

晋文公让人搜山也没找到，于是便放火烧山，只留一条下山的路，借此逼迫介子推出来跟自己相见。大火烧了三天三夜，绵山变成一片焦土也没看见介子推下山。后来，人们在一棵烧死的柳树下发现介子推和他母亲的尸体，还发现一封血书，上面写着"割肉奉君尽丹心，但愿主公常清明"。

为了纪念介子推，晋文公将绵山改为"介山"，并将放火烧山的那一天定为寒食节，还规定以后每年的这一天都禁烟火，只吃寒食。

第二年，晋文公带领群臣去祭拜介子推时，发现那棵烧死的柳树已经复活，于是晋文公便将那棵柳树命名为"清明树"，将寒食节后的一天定为清明节。

人们对介子推忠君赴义、鄙弃功名利禄的气节十分怀念，每逢他的祭日都禁止烟火，只吃冷食。于是，寒食、清明变成中国重大的节日。后来，因为寒食节跟清明节的日期非常接近，慢慢就融合在一起了，寒食也变成清明的一个习俗延续下来。

二、古代人是怎么过清明节的

寒食节很早就是中国北方中原一带的一个节日,开始时只禁止烟火,只吃冷食,后来才增加了上坟祭扫、荡秋千、蹴鞠、踏青、植树等风俗。

其实,寒食节只是源于上古时代的"改火"旧习,不是为了纪念介子推。古人钻木取火,每一个季节所用的树木种类都不一样,季节变换时便用不同品种的木头取火,这就叫"改火"。改火期间,新火还未到时,严禁生火,这便是"禁火"令的雏形。

从一些文献的记载可以看出,先秦时期我国北方一些地区就已经有了严格的禁火制度,并且有了改火的习俗。在禁火与改火期间,人们要吃冷食。《周礼》中记载:"仲春以木铎修火禁于国中。"

古代的禁火令太严厉了,在汉代,有些地方的寒食节居然要禁火一个月。这严重影响了人民正常的生活和生产，于是汉代太原一带就废除了禁火的陋习。

虽然清明节的历史可追溯到久远的上古时代，但其在全国流行，并按照节日对待设有扫墓假期则是在唐宋之后。

据相关史料记载，唐代时有的官员因为要回家扫墓而耽误工作，于是唐玄宗就颁布政令设置清明假期。《唐会要》记载："（开元）二十四年（736年）二月二十一敕：'寒食、清明四日为假。'"此外，唐玄宗还在清明时举行规模盛大的拔河比赛，从此以后拔河就成为清明习俗之一。

清明节发展最盛的是宋代，到宋代时清明的地位日益提高，以后逐渐取代了寒食节。宋人孟元老在《东京梦华录》中记载："寒食第三日，即清明节矣，凡新坟皆用此日拜扫，都城人出郊……四野如市，往往就芳树之下或园囿之间，罗列杯盘，互相劝酬。都城之歌儿舞女，遍满园亭，抵暮而归。"从这段记载中可以看出，这时清明节已经成为一个集祭祀、踏青于一体的综合节日了。

唐宋时期，人们在清明节时还玩一种叫作蹴鞠的游戏。蹴鞠是中国足球的前身，球是用皮革做成的。唐代诗人杜甫在他的《清明二首》诗中写道"十年蹴鞠将雏远，万里秋千习俗同"，可以看出当时这个游戏的普及程度。

明朝时，有了射柳的游戏。据明朝人记载，当时的射柳就是把鸽子放在葫芦里，然后再把葫芦高高挂在柳树上，弯弓射中葫芦，鸽子飞出后以鸽子飞的高度来判定胜负。参加这个游戏的大多是青年男子。

清朝时，人们还在清明时放风筝，不过那时风筝叫"纸鸢"。清人潘荣陛在《帝京岁时纪胜》中记载："清明扫墓，倾城男女，纷出四郊，提酌挈盒，轮毂相望。各携纸鸢线轴，祭扫毕，即于坟前施放较胜。"那时，人们认为放风筝能放走自己的晦气，于是有人将一切灾难病痛都写在风筝上，然后等风筝飞高后就剪断线，让其飞远，这预示着将自己的疾病、晦气都带走。

三、清明节有哪些习俗

虽然各地的清明节活动和习俗不尽相同，但扫墓祭祖、踏青郊游仍是共同的礼俗主题。不管身在何方，每到清明，人们都会缅怀先祖。

清明节的习俗是丰富有趣的，除了讲究禁火、扫墓，还有踏青、荡秋千、插柳植树等一系列风俗活动。

一、扫墓祭祖

清明是传统春祭大节，是中国传统四大祭祀节日（清明节、中元节、重阳节、除夕）之一，也是祭祖和扫墓的日子。

清明扫墓，也叫"墓祭"，是对祖先的"思时之敬"。扫墓祭祖是清明节俗的中心，用来表达祭祀者对祖先的孝道和思念，是一种礼敬祖先、慎终追远的中华传统文化。

清明祭祀以墓祭为主，祭祀时间一般在清明前后。人

第四章 路上行人欲断魂——清明节

们带上食品、纸钱等物品来到墓地,将所带物品恭敬地摆放在墓地前面,再将纸钱焚化,给坟墓添上一些新土,最后到墓前磕头祭拜。

二、踏青

踏青源自远古时代农耕祭祀的迎春习俗,是一种时令性的民俗活动。中国早就有踏青的习俗,不过那时踏青叫探春、迎春、寻春。

《清明上河图》局部

据《礼记·月令》记载:"立春之日,天子亲率三公、九卿、诸侯、大夫,以迎春于东郊。"据《晋书》记载,每年春暖花开时,人们就会结伴到郊外去游春赏景,尤其是唐宋时最为兴盛。据《旧唐书》记载:"大历二年二月壬午,幸昆明池踏青。"

宋代画家张择端在《清明上河图》中就非常生动地描绘了北宋都城汴京清明时节的热闹情景。从这幅图上,可以看到人物达550多人,牲畜50余头,船20多艘,车、轿20多乘,由此可见当时的盛况。

清明节兼具节气与节日两大内涵。阳春三月正值春回大地、万物复苏，正是踏青的好时机。一家老少在扫墓祭祖之余，趁机在乡间田野游玩一番，有利于身心的健康。

三、植树

清明节前后，有阳光也有雨水。这时植树非常容易成活，因此，自古以来中国就有清明植树的习俗。

据说清明植树的习俗，源自清明节折柳、戴柳、插柳的风俗。唐朝时，人们认为在河边祭祀时头戴用柳枝编制的帽子可以摆脱毒虫的伤害；宋朝、元朝时，人们认为踏青归来将柳枝插在门口可以避免虫疫。当时医学还不发达，面对疾病人们没有好的办法，只能将希望寄托在柳条上，其实这些风俗表达了人们祈求健康的美好愿望。

四、清明节传统食物

你知道我们的祖先在清明节都吃什么吗?他们为什么要吃这些食物呢?这些食物里面都包含哪些深刻的意义呢?

清明节除了传统习俗祭祖之外,人们还会自制一些清明节特色美食。那么清明节特色食物有哪些呢?

一、青团

清明节令食品——青团

在江南一带,有清明节吃青团的习俗。这种青团用糯米粉制作而成,不过和面的时候加入了艾草的汁液。青团馅是细腻的豆沙,包馅时要放入一小块糖和猪油,制好团坯后放入蒸笼蒸熟,出笼时再在团子上刷一层熟菜油，这样的青团不甜不腻，还带有一种青草的香气。

二、艾粄

艾粄是广东客家一带清明节时必备的应节小吃。客家老话说："清明前后吃艾粄，一年四季不生病。"

艾粄用黏米粉、糯米粉、艾草等材料做成。具体制作方法：首先将新鲜的艾草洗净，放入锅中加水煮熟烂；再将煮烂的艾草捞起，沥干水分，剁烂备用；然后将剁烂的艾草放入黏米粉、糯米粉中，再加入煮艾草的水搅拌成团；最后将之前准备好的芝麻、花生、肉等馅料包进面团里，捏成圆形、长形等各种形状，放入蒸笼中蒸熟即可。

三、子推馍

子推馍是山西一带的清明节美食，也叫老馍馍。子推馍比较大，一个大约一斤重，里面包着鸡蛋或红枣，上面还有一个专门捏制的顶子，四周贴着燕、虫、蛇、兔或文房四宝形状的面花。面花就是用面捏出的各种形状的小馍，是山西人民使用梳子、剪子、锥子、镊子等日用品做出的，栩栩如生，让人舍不得吃掉。

吃子推馍时要注意，不同的人要吃不同形状的子推馍。比如男子要选用圆形的子推馍，已婚妇女要选用条形的梭子馍，未婚的姑娘们则选用抓髻馍，孩子们则可选用带有燕、蛇、兔、虎等面花的子推馍。

四、清明饭

有的地方到清明节前夕,人们要去野外采集一些可以食用的青草药,然后用它们来制作清明饭。一般大家常采摘的青草药有艾草、麻叶、鸡矢藤、清明菜(白公翁)、荠菜、枸杞叶等。制作清明饭时先将这些青草药洗净、去梗、煮熟,然后放在之前浸透滤干的糯米(加适量大米)中煮熟,做成饭团,再加入红糖搓匀即可。

五、清明节诗词

对中国人来说,清明节有着重要的意义。它既是一个郊游、踏青的日子,也是一个祭祖扫墓的日子。在这个特殊的日子里,古人留下了一些经典名作。

阳春三月草长莺飞,杨柳依依,桃花朵朵。在这个美丽的季节,古人一边追思先人,一边感悟生命的美好,下面让我们通过古人的诗词来感受他们清明时的心境。

唐代的大诗人杜牧在清明时挥笔写下了流传千古的《清明》:"清明时节雨纷纷,路上行人欲断魂。借问酒家何处有?牧童遥指杏花村。"

读杜牧这首诗,只感觉悲伤扑面而来。为什么诗人这么伤心?因为路上羁旅的行人落魄断魂,漫长的路途又恰逢春雨连绵,这更加重了诗人的惆怅和凄苦。想要找个酒家躲躲雨,正好看到一个牧童,他笑而不答,指着前面不远处的杏花村。

唐代盛行寒食清明扫墓,唐代另一位大诗人白居易就在《寒食野望吟》中详细描写了当时清明扫墓的情形。诗中写道:"乌啼鹊噪昏乔木,清明寒食谁家哭。风吹旷野纸钱飞,古墓垒垒春草绿。棠梨花映白杨树,尽是死生别离处。冥冥重泉哭不闻,萧萧暮雨人归去。"从白居易的描写中可以感受到人们在扫墓时的凄凉情景,也能感受到古人在扫墓时虔诚的心,当然还能看出唐代寒食节和清明节是在一起的。

跟苏轼齐名的北宋文学家、书法家黄庭坚,在《清明》中抒发了自己对人生无常的感慨:"佳节清明桃李笑,野田荒冢只生愁。雷惊天地龙蛇蛰,雨足郊原草木柔。人乞祭余骄妾妇,士甘焚死不公侯。贤愚千载知谁是,满眼蓬蒿共一丘。"清明时节,春雨绵绵,大地上一片芳草萋萋,桃花盛开。野田荒芜之处,是埋葬着死者的墓地,死去的人们长眠地下,使活着的人们心里感到难过。春雷万钧,惊醒万物,春雨滋养着郊野的草木。有人偷食祭台上的祭品,回到家里,还跟妻子和小妾撒谎吹嘘是在某个当大官的朋友家中吃喝。介子推却因为拒绝封赏而被大火烧死。虽然无论智愚高低,最后都是蓬蒿一丘,但是人生的意义却大不相同。

第五章

万古传闻为屈原
——端午节

一、端午节的由来

端午节的节期是农历五月初五。古代纪年、纪月、纪日、纪时使用的是天干地支,午月午日为"重午",而午日也就是"阳辰",所以端午也称为"端阳",端午节也叫端阳节。此外,端午节也叫龙舟节、重午节、龙节、正阳节、天中节等。

关于端午节的起源有很多种说法,归纳起来主要有以下几种。

一、纪念屈原说

端午节的由来,流传最广的就是这个说法了。屈原是战国时期楚国大臣,对国家一片忠心,却惨遭奸人陷害,流放在外。即便在流放过程中,屈原也心系楚国,写下了不少忧国忧民的著名诗篇,比如《离骚》《天问》《九歌》等。

公元前278年,当屈原听说秦军攻破楚国京都后,心如刀割。五月初五,他写下绝笔作《怀沙》后,抱着石头投汨罗江自尽而亡，用自己的生命谱写了一曲爱国主义乐章。

沿江的百姓听说屈原投江后，纷纷引舟竞渡前来打捞，为了防止鱼虾啃食屈原的身体，他们将粽子投入江中，于是便有了端午节龙舟竞渡、吃粽子的习俗，以此来纪念爱国诗人屈原。

二、纪念伍子胥说

这个说法在江浙一带流传甚广。伍子胥是春秋时期楚国人，他的父亲和兄弟都被楚王所杀。为了报仇，他投奔吴国，帮助吴国西破强楚，南服越人，使吴国国力达到了鼎盛之势。

他帮助吴王攻打越国时，吴军士气很高，战无不胜，越国军队不敌，越王勾践求和，吴王夫差同意了。伍子胥建议乘胜追击，乘机彻底消灭越国，吴王非但不听，还听信小人谗言，赐伍子胥宝剑，让他自杀。

伍子胥视死如归，自刎前说："我死后，请将我的眼睛挖出来挂在吴国京都的东门上，我要看着越国的大军入城灭掉吴国。"吴王听说后大怒，让人把伍子胥的尸体装进皮革，扔进大江，那一天是五月五日，于是便有了端午节纪念伍子胥的说法。

此外，还有端午节是纪念孝女曹娥说、纪念介子推说，还有端午节起源于季节变化引起的恶月恶日驱避说等，不过学术界认为这些说法有些牵强。比如端午节纪念屈原的说法，最开始出现于南朝梁吴均的《续齐谐记》，而在这之前端午节就存在。

闻一多在其论文《端午考》和《端午节的历史教育》中，通过翔实的史料发现端午节起源于古代南方一种百越图腾的祭祀活动，于是提出了龙的节日说。闻一多在《端午考》中指出，古代越民族的图腾是龙，为了表示自己是"龙"的子孙，他们每年在五月初五这一天举行盛大的图腾祭祀，其中便有龙舟竞渡和吃粽子、五彩丝系臂的习俗。近年来，又出土了大量的文物，经过考古研究证实了闻一多的考据还是比较科学的。

端午节是中华民族的传统佳节，它清晰地记录着先民丰富多彩的社会生活文化内容，也积淀着博大精深的历史文化内涵。

春秋战国时期，古人会在五月五日那一天采集艾叶，据说这一天采集的艾叶能治病。此外，古人在这一天还会悬挂绳索、佩戴钗头符，据说可以驱邪避祸。

秦朝统一中国后，南北方经济文化的不断交流使得南北方的风俗习惯也趋于统一。到了汉代，全国实行了统一的历法。为了方便过节，汉朝将每年的五月五日定为端午节。西汉时就有端午节赛龙舟、吃粽子、采草药、浴兰等习俗的文字记载。

魏晋南北朝时，因为频繁的战争，人们希望能"避兵灾瘟疫"，于是"辟兵缯"受到重视。辟兵缯也叫长命缕或续命缕，是将绢染制成日月星辰或鸟兽的形状，上面刺上文绣或金缕，人们在端午节时将其系于臂上。后来，端午节又被赋予纪念历史人物屈原的意义。

隋唐时期，端午节的形式没有太多变化，但是节日风俗开始向节日娱乐演变。唐代繁荣的经济让节日的娱乐更加蔚然成风，比如龙舟竞渡、打马球等。《唐会要》记载，唐太宗在端午节那天赠送给重臣长孙无忌和杨师道两把扇子，上面写着"庶动清风"。后来，"端午赠扇"便演化为"辟邪、凉快"等含义。

到了宋代，端午节的一些风俗有了新的变化。比如汉魏时在门户上贴朱索、桃印等，变成了贴天师符。此外，当时汉族的端午习俗也被辽、金两国吸收。端午节那天，他们有射柳和打马球等活动。

明朝时期，端午节吸收了金人射柳的风俗。据明代陆容《菽园杂记》记载，端午节那一天，官员们有射柳等娱乐活动，后来射柳成为端午节一项大的活动。

端午射柳，是在端午节的清晨举行。所谓射柳，就是先找一段粗细适中的柳枝，然后削去柳枝中上半部的一段青皮，露出里面白色的枝干，把这个当作靶心，然后让参赛者在飞驰的马上拉弓射击削白的那个地方，谁能把柳枝射断，将断枝接在手里，就是获胜者。

第五章　万古传闻为屈原——端午节

端午节另一项重大活动就是龙舟竞渡，尤其是南方的龙舟竞渡，是当时的一大盛举。根据《武陵竞渡略》的记载，当时龙舟竞渡的时间已经不限于端午那一天，而是"四月八日揭篷打船，五月一日新船下水，五月十日十五日划船赌赛，十八日送标"，从这可以看出当时的龙舟竞渡活动是多么盛大。

此外，古人在端午节还有挂香囊、喝雄黄酒、斗百草等习俗。为什么古人这样过节？因为端午节正值季节变化之际，天气湿热，毒虫盛行，瘟瘴之气也开始肆虐，人们很容易得病。古代医学不发达，人们对很多疾病无能为力，只能借助于"神"，所以古人过端午节多以避邪、辟兵、禳毒、驱鬼魅、求平安为目的。

三、端午节有哪些习俗

端午节是一个夏季节日，它是集祈福辟邪、欢庆娱乐和传统饮食为一体的民俗大节，全国各地都有丰富多彩的民俗活动。

端午节历史悠久，习俗丰富多彩。

一、龙舟竞渡

龙舟竞渡是端午节一项重要的活动。这项活动最早起源于古越族的一种祭祀仪式，早在战国时江南就有龙舟竞渡的习俗。那时人们在激烈的鼓声中，划着雕刻成龙形的独木舟做竞渡游戏。后来，伍子胥、屈原、曹娥等去世后，龙舟竞渡变成了纪念伍子胥、屈原、曹娥等人的一项习俗。

龙舟竞渡前还要举行一些请龙、祭神等仪式。比如在广东，在端午节前要将龙舟从水下起出，等在南海神庙中祭祀完南海神后，才安上龙头、龙尾，然后才能竞渡；在福建、台湾一带，则要在妈祖庙中祭拜妈祖后，才能安装上龙头、龙尾；在四川、贵州一带，直接在河边杀鸡祭祀龙头。

到了20世纪70年代，龙舟竞赛发展成为竞技性现代体育项目，席卷了全球30多个国家。现在龙舟运动已经成为一项竞技型体育运动。1980年，龙舟竞渡被列为中国国家体育比赛项目，每年都会举行"屈原杯"龙舟赛。

二、佩香囊

传说，端午节小孩佩戴香囊能避邪驱瘟。香囊内放置的通常是一些有香味能开窍的中草药，比如川芎、白芷、排草、芩草、丁香、山艾、细辛、甘松、甘草、雄黄粉等。用这些中草药做成的香囊清香四溢，有驱虫、避瘟、防病的功效。

三、挂艾草与菖蒲

菖蒲是一种植物，它的叶子狭长，有芳香气味，有提神通窍、杀虫灭菌的作用。因其叶片呈剑形，被引申为"蒲剑"，据说可以斩千邪，有辟邪的作用。艾草是一种可以治病的草药，将其放在门口，代表纳百福。古人认为菖蒲、艾草具有辟邪、纳百福的作用，于是在端午节那一天，家家户户将庭院打扫干净，然后将菖蒲、艾条插在门楣上，悬于堂中，以此来祈求家人健康平安。

四、沐兰汤

端午在古人心中是恶日。据说,端午节这一天是草药药性最强的一天,这一天洗草药水可以治疗皮肤病、去邪气。所以,中国很多地方都有端午节采草药、煮草药,用草药水沐浴的习惯。草药水,在古籍中被称为"沐兰汤",不过这里的"兰"不是兰花,而是菊科的佩兰或草药。据西汉古籍《大戴礼记·夏小正》记载,那时人们就有洗草药水的习俗。到了南北朝,《荆楚岁时记》记载,"五月五日,谓之浴兰节"。

端午节的习俗还有很多,比如祭神拜祖、系五彩线、放纸鸢、采药、熏苍术、避五毒等。

第五章 万古传闻为屈原——端午节

中国每一个传统节日，让我们念念不忘的，除了那深厚的传统文化，还有独具特色的美食。

端午节是爱好美食的人们最喜欢的节日之一，在端午节可以吃到各种各样的美食。

一、吃粽子

粽子古代在北方被称为"角黍"。粽子的最早记载出现在西晋周处的《风土记》中："仲夏端五，方伯协极。享用角黍，龟鳞顺德。"意思是五月初五吃粽子。

明代李时珍在《本草纲目》中说用菰叶裹黍米，煮成的尖角或棕榈叶形状食物，叫"角黍"或"粽"。明清以后，粽子大多用糯米制作，所以就不叫角黍，而称为粽子了。

由于各地的饮食习惯不同，粽子的种类和制作方法也各不相同，形成了不同的风味。从口味上分，粽子有咸粽和甜粽两类。从地域上分，粽子分为南北两种，北方粽子大多个头较大，为斜四角形或三角形，多以红枣、豆沙为馅；南方粽子有菱形、多边形、柱形，多以豆沙、鲜肉、火腿、蛤蒌（一种植物）、蛋黄为馅。

二、吃五黄

农历五月，江南也叫五黄月，因为这个月有五种带有"黄"字的食物上市。吃五黄是江南一带的端午节习俗，所谓五黄，就是黄鱼、黄瓜、黄鳝、鸭蛋黄、雄黄酒五种食物。端午节那一天，人们在中午的时候要吃五黄餐，也就是要把五种黄色的食物混合在一起。据说吃了这种五黄餐，可以抑制霉运、提升人的精力。

三、喝雄黄酒

雄黄是一种矿物质，俗称"鸡冠石"，主要成分是硫化砷，含有汞，有毒。雄黄酒有杀菌驱虫解五毒的功效，古时没有碘酒，古人就用雄黄酒来祛毒解痒。一般用来饮用的雄黄酒，只是在白酒或者黄酒中加入微量雄黄制成的，现代研究表明雄黄酒有毒，外用可以，饮用要慎用。

古诗云："唯有儿时不可忘，持艾簪蒲额头王。"这句诗的意思就是，端午节这天，小孩拿着艾叶，戴上菖蒲，在额头上用雄黄酒写个"王"字，用来辟邪。

四、吃茶蛋

有些地区，还有端午节吃茶蛋的习俗。这个蛋可以是鸡蛋、鸭蛋、鹅蛋，将它们洗干净，加入茶叶、八角、桂皮、花椒、盐等煮熟，涂上红色，然后用彩色的网袋装好，在端午节这一天挂在小孩的脖子上，有祝福孩子平平安安的寓意。

五、吃叶子馍

在广西玉林还有端午节吃叶子馍的习惯。叶子馍是由糯米、粳米两种米磨成粉做成的，有甜和咸两种口味，里面的馅根据自己的喜好随意放。叶子馍用芭蕉叶、粽子叶、竹叶等叶子包裹而成，吃起来清香扑鼻，口感细软。

五、端午节与孝女曹娥的传说

东晋虞预在《会稽典录》中记载:"孝女曹娥者,上虞人,父盱,能抚节按歌,婆娑乐神,以五月五日迎伍神,为水所淹,不见其尸。"

相传很久以前,在上虞古舜江的凤凰山下,有个不知名的村庄。村里有个美丽的姑娘叫曹娥,她是个大孝女,她的父亲是个巫祝,负责村里祭祀方面的工作。

曹娥十四岁那年五月,天连降大雨,导致舜江洪水暴涨。五月初五那天大雨倾盆而下,舜江上波涛汹涌,卷起一个又一个巨大的漩涡。看着滔滔的洪水,曹娥劝父亲等雨小一点儿再去完成祭祀仪式,但是父亲却说不能因为洪水耽误了祭祀的时辰,否则神仙怪罪下来降更大的雨,那样大家就没法生活了,于是冒着大雨去祭祀。

第五章　万古传闻为屈原——端午节

曹娥担心父亲的安危，就偷偷跟在父亲身后。在父亲祭祀的过程中，突然一阵大风卷起一个高高的大浪从父亲背后拍来。曹娥大叫让父亲躲避，但是已经来不及了。父亲被卷到洪水中，一眨眼就不见了。

曹娥在岸边不断地呼唤，也不见父亲浮出水面。乡亲们劝曹娥节哀，但曹娥一直在江边哭着呼唤父亲回来。乡亲们都不忍听闻曹娥的啼哭，可是谁也劝不回曹娥。

第二天，江面上风平浪静了，父亲还是没有回来。曹娥的嗓子都哭哑了，眼泪也哭干了，但是她说什么也不愿回去，固执地沿着舜江一边走一边呼唤着父亲。

曹娥一直在江边找了父亲十七天。五月二十二这天，曹娥绝望地投江了。五天后，曹娥和父亲的尸体浮出水面。人们都说是曹娥的孝心感动了上天，这才让她找到父亲的尸体，并把他负到江边。

曹娥的孝心不仅感动了上天，也感动了周围的百姓，他们安葬了曹娥父女。为了纪念曹娥，人们将舜江改为曹娥江。后来，人们还在曹娥跳水的地方建了庙，塑了曹娥的像，尊曹娥为"孝女娘娘"，并把曹娥所在的村庄称为曹娥村。以后，每年的五月初五曹娥庙里都要举行盛大的庙会，很多人都来跪拜孝女娘娘，于是便有了端午节是纪念孝女曹娥的传说。

　　据说，直到现在，不管曹娥江上江水多么奔腾咆哮，一到曹娥庙前面就变得平静了。当地的百姓认为这是江水觉得愧对曹娥，才想着悄悄溜走。

第六章

银汉迢迢暗渡
——七夕节

一、七夕节的由来

七夕节的节期是农历七月初七,它是一个以女性为主体的综合性节日,还有很多美丽的名字,比如七月节、七巧节、女儿节、乞巧节、七姐节、巧夕等。

我们很小的时候可能就知道七夕节牛郎和织女的故事,但这不是七夕节真正的由来。七夕节的兴起源于古人对自然天象、数字、时间的崇拜。

我们的老祖宗很早就对星空有所研究,并总结出一套完整的观星文化。上古时期,老祖宗就将天空规划得井井有条,将黄道附近的星象划分成二十八组,也就是俗称的"二十八宿","牛郎织女"星就是其中的两"宿"。

在古代的星宿体系中,"牛宿"由六颗星星组成,在银河的东边,看起来就像两个倒置的三角形,上面的那个三角形看起来更大更亮,下面的三角形小一些,正好在黄

第六章　银汉迢迢暗渡——七夕节

道上。这六颗星组成的图案看起来就像头上有两角，只有三只足的"牛"，于是老祖宗就将其称为"牵牛星"。在牛宿的北部，还有一颗很亮的星，于是人们便将其称为"织女星"。后来，人们将"牵牛星"和"织女星"合起来称为"牛郎织女"。

从远古时代起，人们就崇拜牛郎织女的自然天象。《诗经》中就有关于牛郎织女星的记载，不过那时它们只是两个星座的名字，相互之间并没有什么关系。到了东汉时期，因为一首五言古诗《迢迢牵牛星》，牛郎织女才变成一对恋人。

"七夕"的由来除了跟天象崇拜有关，还跟古人对时间、数字的崇拜有关。

古人把日、月与水、火、木、金、土五大行星合在一起叫作"七曜"。《易传》中记载，"日、月、五星，起于牵牛"。"七"与"期"同音，所以"七"是一个表现时间阶段的数字，古人常常以"七七"为时间的终结；"七"还是算盘每列的珠数，给人以神秘的美感；"七"还跟"妻"同音，所以七夕是一个跟女子有关的节日。此外，"七"还跟"吉"谐音，所以"七月初七"是一个非常吉祥的日子。

古代把正月正、二月二、三月三、五月五、六月六、七月七、九月九这样的"双重"之日看作是吉庆之日。古人认为这样的"重日"，是"天人相通"的日子，从这些"重日"中，我们能看到古人对数字的崇拜。

因为古人对自然天象、对时间、对数字的崇拜，导致古人将每年的七月七日作为一个节日。后来这个节日又跟民间故事结合起来，于是便有了牛郎织女的爱情传说，以至于直到现在七夕节仍然是中国一个具有浪漫气息的传统节日。

二、古代人是怎么过七夕节的

七夕原本是古代历法的天文点，后来慢慢演化成中国一个最浪漫的传统节日，那一天古人们是怎样过的呢？

据说战国时期就有七夕这个节日了，不过因为时间太久远，已经无法考证。

最早有关七夕乞巧风俗的记载出现于汉代刘歆所著的《西京杂记》中。他记载道："戚夫人侍儿贾佩兰，后出为扶风人段儒妻……至七月七日，临百子池，作于阗乐。乐毕，以五色缕相羁，谓之'相连爱'。"他还记载道："汉彩女常以七月七日穿七孔针于开襟楼，人俱习之。"

从上面的记载我们可以知道，西汉时期宫廷过七夕是非常热闹的。除了歌舞，还有系五色线、穿七孔针的习俗。并且，从这些也可看出西汉时期七夕节的风俗跟牛郎织女的传说没有什么关系。

到了魏晋南北朝时期,南朝梁任昉根据《诗经》中所记载的牵牛星和织女星创作了牛郎和织女的爱情故事,其《述异记》记载:"大河之东有美女丽人,乃天帝之子。机杼女工,年年劳役,织成云雾绢缣之衣,辛苦殊无欢悦,容貌不暇整理。天帝怜其独处,嫁与河西牵牛为妻。自此即废织纴之功,贪欢不归。帝怒,责归河东,一年一度相会。"

这个故事跟流传到现代的牛郎织女的故事还是有所不同的。这里面的牛郎、织女都在天上,因为织女出嫁后荒废了工作才受到天帝的惩罚,让他们一年只能见一次面。

后来,随着时间的流逝,牛郎织女鹊桥相会的故事进一步完善,并慢慢跟七夕节融合在一起,于是七夕节也成为一个祈求人间幸福的节日,节日活动也日趋多彩。后来,七夕不仅继承原有的"乞巧"习俗,还增添了祈求幸福、长寿、富贵等习俗。

到了唐代,都城长安在七夕节时盛行各种节俗。据五代王仁裕《开元天宝遗事》中记载,乞巧节那一天宫中嫔妃用五色线对月穿九孔针的宴会通宵达旦,以至民间纷纷效仿。唐代诗人崔颢在《七夕》中写道:"长安城中月如练,家家此夜持针线。仙裙玉佩空自知,天上人间不相见。"从这可以看出唐朝时女子在七夕穿针乞巧的盛

第六章 银汉迢迢暗渡——七夕节

况。此外,《唐六典》还记载,"七月七日加斫饼,并于常食之"。

宋元时期,七夕节已经变得非常隆重了,在京城还设置了专门售卖乞巧物品的"乞巧市"。古人从七月初一就开始置办乞巧物品,每天"乞巧市"上的人川流不息,直到夜晚才散去。这个热闹程度跟我们现代过年的盛况何其相像,从这可以推断出当时的七夕节该是多么热闹。

明清时期,七夕节流行吃"结缘豆"。清朝时,江西地区还流行七夕节吃"油饼"和"巧水"。

看了古人是怎么过七夕之后,是不是觉得我们现代的七夕节太没创意了,好像除了吃,就没什么有意义的活动了。为了不让那些有意思的活动消失,我们应该怎么做呢?

三、七夕节有哪些习俗

除了中国过七夕,国外比如日本也过七夕,不过他们从明治维新后将时间改为公历的7月7日。此外,越南七夕的时候,也有人到寺庙去许愿,以求得美好的爱情。

中国人过七夕都有哪些习俗呢?

一、穿针乞巧

古时候,每年农历七月七这天傍晚,年轻的女子要在月光下真心实意地向织女星跪拜,乞求织女保佑自己成为一个心灵手巧的姑娘,然后,还要做一个对月穿针的游戏。这些姑娘手持五色线和七孔针(也有五孔和九孔),谁一口气将七孔针都穿过去,谁就叫"得巧",也就是说那个人手很巧,穿得最慢的叫"输巧"。输了的姑娘要送礼物给取胜的姑娘。元代陶宗仪在《元氏掖庭录》中记载:"九引台,七夕乞巧之所。至夕,宫女登台以五彩丝穿九尾针，先完者为得巧，迟完者谓之输巧，各出资以赠得巧者焉。"

二、吃乞巧果

乞巧果的款式很多，主要由油、面、糖、蜜等材料做成。宋代孟元老《东京梦华录》中记载，乞巧果也叫"笑厌儿""果食花样"，当时大街上已经有售卖乞巧果的。乞巧果的做法：将白糖放在锅中加热变成糖浆，然后加入面粉、芝麻等，搅拌均匀后放在面板上擀成薄片，等凉下来后，用刀切成大小均匀的长方形，然后折成梭形巧果状（或捏成跟七夕有关的各种花样），放入热油中炸成金黄色。

三、晒书晒衣

据说，七月初七是龙王爷的"晒鳞日"。那一天，天门大开，阳光强烈，于是人们乘机将书籍、衣服、棉被等物品搬出来晒一晒，以防虫蛀。东汉崔寔在《四民月令》记载道："七月七日，曝经书及衣裳，不蠹。"

四、听悄悄话

在有的地方，每到七夕夜里，姑娘们就偷偷藏在南瓜藤下（也有的说在葡萄架下）。据说等到夜深人静的时候能够偷听到牛郎织女相见时所说的悄悄话，这样未婚姑娘就能得到一份甜蜜的爱情。

五、染指甲

古代的时候，中国西南一带的年轻姑娘，在七夕节的时候用花草的汁液染指甲，据说能让姑娘更加美丽，还能让未婚的女子尽快找到心上人。

六、结红头绳

家里有体弱多病孩子的家长，可以在七夕节的时候将红头绳结七个结，戴在孩子的脖子上，这样孩子就能健健康康地长大。

七、为牛庆生

古时候，七夕节那天，孩子会采摘一些野花做成花环，挂在牛角上，这就是为牛庆生。据说这个习俗是为了纪念牛那伟大的牺牲精神。相传，天帝用天河将牛郎和织女隔开后，是牛郎的老牛将自己的皮送给牛郎，让他借助牛皮飞过天河才得以跟织女相见。其实，这个习俗体现了中国农耕时期，人们对牛的一片感激之情。

四、七夕斗巧游戏有哪些

斗巧是古代七夕节时的一种竞赛性游戏，是以智巧取胜的，通过"穿针乞巧""喜蛛应巧""对月穿针""兰夜斗巧""投针验巧"等方式决出胜负。

七夕斗巧的游戏花样百出，常见的斗巧游戏主要有以下几种。

一、穿针乞巧

穿针乞巧是七夕斗巧游戏中历史最悠久、流传最广的一个，它起源于汉代。这个游戏是将丝线等物件穿过针孔，先穿过去的为胜。不要觉得穿针很简单，因为乞巧要穿的针跟平时的很不一样，大多是特制的，有好多个孔，汉代的时候多是七孔针，到了元代多是九孔针。这么多的孔，每个孔又小，如果没有一定的智慧和技巧肯定是穿不过去的。

二、喜蛛应巧

喜蛛应巧在古代也是个非常受欢迎的斗巧游戏。这个斗巧游戏就是七夕节那天晚上将一只蜘蛛放在瓜果上，或者放在一个小盒子里，等第二天天亮后，看这只蜘蛛是不是结了网，并且数数它结了多少网，谁的蜘蛛结的网又多又圆，谁就乞到了巧。

这个游戏说简单也简单，说难也难。因为想要在这个游戏中获胜，首先得不怕蜘蛛，其次还得让抓的蜘蛛能结网，并且还要多结网、结漂亮的网，这个就全凭运气了。

三、对月穿针

南朝一位诗人刘遵在《七夕穿针》诗中写道："岁月如有意，情来不自禁。向光抽一缕，举袖弄双针。"这首诗就写了七夕对月穿针的游戏，七夕的月亮也不是很亮，可能有时还有云彩遮挡。这样的情况下对月穿针，还是好几孔的针，难度就可想而知了。

四、兰夜斗巧

因为古时候七月也叫"兰月"，所以七夕晚上的斗巧游戏也叫"兰夜斗巧"。据《西京杂记》中的记载，西汉皇宫中，每年七夕之夜，宫中的彩女在百子池畔用五色彩线相互绊结起来后，一起到开襟楼上穿七孔针。

五、投针验巧

明清时期,七夕又流行一种新的乞巧方法,叫"投针验巧",也就是"丢巧针"。据明代刘侗、于奕正在《帝京景物略》中记载,七月七日那天,女子装一碗清水放在院子中,等水面上结成一层薄膜后,将平时所用的绣花针轻轻放入水中,让针漂浮在水面上。观察针在水底呈现的影子图案,如果图案"有成云物花头鸟兽影者,有成鞋及剪刀水茄影者"则意味着乞到巧了;如果影子呈现不出好看的图案,就表示笨拙。

其实这些七夕斗巧的小游戏主要考察参与者的耐心、细心,还有智巧,这些是古代女子做女红所必备的素质。如今智能机器人已经替代了人们的双手,这些游戏也就慢慢淡出了历史舞台。我们应该怎样结合现代情况,让古老的节日重新焕发新的神采呢?

五、七夕你拜魁星了吗

在中国古代读书人的心中，魁星的地位是至高无上的，因为据说魁星掌管着天下的文事。相传七月七日是魁星的生日，所以想要博取功名的读书人，在那一天都会拜魁星，以求考试时"一举夺魁"。

魁星爷，为二十八宿中的奎星，也是北斗七星中的第一颗星，所以也叫魁首。相传魁星爷是主管考运的神，所以古代中状元也叫"一举夺魁"或"大魁天下士"。

因为"魁"又有与"鬼"抢"斗"之意，所以魁星爷是一副面目狰狞的形象。他的右手拿着一支大毛笔，俗称"朱笔"，据说是专门用来点中学子名字的，传说一旦被点中，文运、官运都会随之而来。

相传魁星爷生前满脸麻子，长得非常丑，并且还是个

第六章 银汉迢迢暗渡——七夕节

跛脚。于是,有尖酸之人便写了一首打油诗来取笑他。魁星爷听到这些取笑后,心想:外貌是父母给的,我又没法改变,但是我可以通过学习来提升自己的能力。于是他发奋用功,最后高中进士。

殿试时,皇帝问他为什么脸上全是麻子,他笑着说"麻面满天星"。皇帝又问他为什么脚也跛了,他回道"独脚跳龙门"。皇帝对他这乐观的心态非常满意,于是便点他为状元。

他死后,便成了天上的魁星爷,成为主管考运的神。于是古代的学子,便在七月初七这天祭拜他以祈求好运。

古代"拜魁星"的仪式跟"拜织女"类似,也是七月七日晚在月光下进行。福建东部一带的居民,在七夕这天晚上,会在家中摆放"拜魁星"的香案,上面放置三杯净水、一个香炉,备好蜡纸、香花、香茶、水果,将手洗干净后对着魁星的画像或者牌位进行祭拜,以祈求被魁星爷点中。

中国某地祭拜魁星的文昌阁

其实,早在东汉时期,中国便有"奎"主文章的信仰。那时人们常常用"奎"来称文章、文运，比如把秘书监叫"奎府"，把皇帝写的字叫"奎书""奎章"等。

唐宋时期，在皇宫正殿的台阶上，还雕有龙和鳌的图像，考生要站在正殿下恭迎皇榜，不过只有考第一的进士才有资格站在鳌头上，于是便有了"魁星点斗，独占鳌头"的美称。

现在，在中国很多地方还有"魁星楼"或"魁星阁"。

第七章

今夜月明人尽望
——中秋节

一、中秋节的由来

中秋节的节期是农历八月十五，恰好是秋季的第二个月，所以也叫"仲秋节"。因为节日在八月，所以也叫"八月节""八月会""秋节"；因为中秋节的活动大多围绕月亮进行，所以也叫"月节""拜月节""月夕"；因为中秋节那天的月亮非常圆，象征着家人团聚，所以又叫"团圆节""女儿节"。

几千年以来，无数文人墨客留下了有关中秋节的千古绝唱："海上生明月，天涯共此时""今夜月明人尽望，不知秋思落谁家""西北望乡何处是，东南见月几回圆""但愿人长久，千里共婵娟"。

在中国的传统节日中，中秋节是仅次于春节的第二大传统节日。你知道吗，其实中秋节来源于上古时期的"祭月节"。

第七章　今夜月明人尽望——中秋节

我们的老祖先对交替出现的月亮和太阳都非常崇拜，在有些地方有对"月神"祭拜的活动。据考证，最开始的"祭月节"是在二十四节气中的"秋分"之时，不过后来因为历法的变化，便把"祭月节"挪到了农历八月十五这一天。

"中秋"一词最早出现于《周礼》中的"中秋献良裘""中秋夜迎寒"。《礼记》中记载"天子春朝日，秋夕月"，这里的"夕月"就是祭拜月神，从这可以看出早在春秋战国时期就有帝王在八月十五这一天祭月、拜月的习俗。

后来，一些贵族官吏和文人学士纷纷效仿，于是这个习俗开始在民间慢慢传开。到了魏晋时期，便有了"谕尚书镇牛渚，中秋夕与左右微服泛江"的记载，这句话的意思就是谕尚书在中秋节的晚上，在江上泛舟游玩。

时间又过去了几百年，中国到了大唐盛世，社会稳定，人民富足，于是中秋便成为一个全国性的节日，并得到了官方的认可。《唐书·太宗记》中记载有"八月十五中秋节"。这一时期，中秋赏月成为长安城的一大盛事，出现了很多咏月的千古名篇。

此外，中秋节还开始跟一些神话传说，如嫦娥奔月、吴刚伐桂、玉兔捣药、杨贵妃变月神、唐明皇游月宫等结合起来。这让中秋节又蒙上了一层神秘、浪漫的色彩，使得中秋节赏月、玩月之风大盛。

到了北宋时期，中秋节已经成为一个普遍的民俗节日。

明清时期，中秋节成为民间主要节日之一，民间中秋拜月、赏月的活动也更具规模，各地的"拜月坛""拜月亭""望月楼"也不断出现。比如，北京的"月坛"就是明朝嘉靖皇帝为了祭月专门修建的。

二、古代人是怎么过中秋节的

中秋之夜，看着天上的那轮明月，你有没有想过几千年前的古人是怎样过中秋的？

我国是个农业大国，很多的活动都跟季节有关。八月又是一个收获的季节，所以中秋祭月的活动非常隆重。

根据《礼记》的记载，西周时期周王在中秋之夜举行祭月活动。祭典非常隆重，周王要穿着白色的衣服，骑着白色的骏马，桌上摆放着月饼、瓜果等贡品，还要演奏雅乐，周王在专门的祭坛前虔诚地对月祭拜。

到了汉朝，除了祭月、拜月，还出现了八月十五观潮的活动，这点可从枚乘的赋作《七发》看出，看来古人也非常喜欢自然奇观。

魏晋时期，还出现了八月十五赏月之风。《三国志·魏书·明帝纪》记载："秋八月，夕月于西郊。"可能中秋的月色太美了,于是大家纷纷效仿,中秋赏月之风渐盛。

唐朝时,中秋赏月、玩月开始流行起来。一家人吃完饭后,登楼赏月。一些文人雅士看着天上的明月,有感而发,于是留下了很多中秋千古名篇。唐代文学家欧阳詹在《长安玩月诗序》中写道:"八月于秋,季始孟终,十五之夜,又月之中。稽于天道,则寒暑匀,取于月数,则蟾魄圆。"

唐代的中秋节是非常热闹的,一些商店、酒店都装饰一新,挂上喜庆的彩绸。朝廷还特意将三年一次的科举考试中的秋闱考试安排在八月,这更增加了中秋的热闹,于是人们便将高中者称为"月中折桂之人"。《开元天宝遗事》中记载,唐玄宗曾经在八月十五晚上跟众学士举行文酒之宴,唐玄宗还跟杨贵妃在太液池赏月。《洛中记闻》还说,唐僖宗命御厨将月饼赏赐给新科进士。

古人过中秋拜月的场景

宋代人过中秋的盛况,我们可以从宋代文学家孟元老的《东京梦华录》中看出,对于汴京城

第七章　今夜月明人尽望——中秋节

的中秋节，他是这样描写的："中秋节前，诸店皆卖新酒，重新结络门面彩楼花头，画竿醉仙锦旆。市人争饮，至午未间，家家无酒，拽下望子……中秋夜，贵家结饰台榭，民家争占酒楼玩月。丝篁鼎沸，近内庭居民，夜深遥闻笙竽之声，宛若云外。闾里儿童，连宵嬉戏。夜市骈阗，至于通晓。"

看看，宋人过中秋，除了有好吃的、好喝的，还有好玩的、好看的，感觉比我们现代的中秋还要热闹呢。

明朝的时候，中秋已经非常有名了，祭月、赏月、吃月饼的风俗大盛。月饼不仅自己吃，还要送给亲朋好友，希望大家都团团圆圆，这是多么美好的感情啊。

明代人的赏月盛会，张岱在《陶庵梦忆》中有记载："虎丘八月半，土著流寓、士夫眷属……自生公台、千人石……皆铺毡席地坐，登高望之……天暝月上，鼓吹百十处，大吹大擂……呼叫不闻。更定，鼓铙渐歇，丝管繁兴，杂以歌唱……更深，人渐散去，士夫眷属皆下船水嬉，席席征歌……"讲述的是八月十五这一天，虎丘这里的所有人都席地而坐赏月，等月亮升起来后，很多地方还响起动听的音乐，等到二更的时候还有洞箫之声，到了三更时还有人在舞台上放声歌唱。

清朝中秋节时，宫廷中会在御花园举行祭月仪式，皇帝、皇后等人对月神祭拜，然后将十斤重的大月饼包好，留到当年的除夕之夜全家一起吃，这叫"吃团圆饼"。另外，将一个三斤重的大月饼切开，跟一些小月饼、瓜果等分给嫔妃、大臣、太监、宫女们吃。

看来，在没有手机、没有电脑、没有网络的古代，古人的节日活动还是非常有意思的。

##

中秋成为一个节日,开始于唐朝,盛行于宋朝。到了明清时期,中秋已经成为一个仅次于春节的传统节日了。你知道它都有哪些习俗吗?

围绕着中秋节,自古以来形成了丰富多彩的节庆活动,其中既有各地普遍接受的流行风俗,也有富有地域特色和民族风情的习俗。

一、祭月(拜月)

祭月,是我国一种古老的习俗。其仪式是中秋节的晚上,人们在香案上摆放月饼、瓜果等祭品,将月亮的神像放在月亮的那个方向,然后点亮红色的蜡烛,开始祭拜月亮。祭拜结束后,由当家主妇切开象征团圆的月饼,大家分食,以祈求月神的保佑。

二、赏月

中秋节赏月的习俗来自祭月,不过将之前严肃的祭祀活动变成了轻松愉快的游玩。古人认为中秋节那天夜里，月亮离我们最近，所以看起来又大又圆，皓月当空，凉风习习，正是边吃边观赏月亮的好时机，于是便有了赏月的习俗。最早有文字记载的中秋赏月出现在魏晋时期，不过当时还只是少数人的行为，没有形成习俗。直到唐朝中秋赏月、玩月才流行起来，变成一个固定的习俗，这点可从唐朝诗人留下的咏月诗句中看出。

三、追月

如果中秋节那天赏月还没有赏够，那么十六的晚上，还可以约上亲朋好友继续赏月，这就叫"追月"。这个名称来自清朝陈子厚在《岭南杂事钞·序》中的一句话，"粤中好事者，于八月十六夜，集亲朋治酒肴赏月，谓之追月"。

四、观潮

在古代的浙江一带，不仅有中秋赏月的习俗，还有中秋观潮的习俗。这个习俗很早就有了，具体可见汉代辞赋家枚乘的《七发》，他在赋中写道，"将以八月之望，与诸侯远方交游兄弟，并往观涛乎广陵之曲江"，意思就是八月十五时跟朋友一起在扬州观潮。直到现在，浙江钱塘江仍有中秋观潮的习俗。

五、竖中秋（树中秋）

在广东一些地方，还有"竖中秋"的习俗。这一天，孩子们在家长的帮助下，制作各种图案和形状的小灯。到了夜里，在灯内燃烛，下面再连接许多小灯，用绳系在竹竿上。将竹竿插在高处，如平台、屋顶或高树之上，为中秋的夜晚增添一份美丽，这样的灯俗称为"竖中秋"或"树中秋"。

六、吃月饼

月饼，也叫月团、丰收饼、团圆饼等，开始是祭祀月神的贡品，后来人们赋予月饼阖家团圆的意义，将它赠送亲友，月饼也慢慢变成一种节日食品。现在，中秋节吃月饼已经是一种习俗，象征着"团圆"。

七、赏桂花

古人认为桂花是"天降灵实"，象征着崇高、美好、吉祥。于是古人将名誉好的儿孙称为"桂子兰孙"；将中状元或进士的称为"蟾宫折桂"；将月宫称为"桂宫"；将月亮称为"桂魄"。古人还以桂花和月亮为题材，创造出很多优美动人的故事，比如"嫦娥奔月，吴刚捧出桂花酒"等神话传说。

这样具有美好寓意的桂花，恰好在八月绽放。中秋佳节之时，月下赏桂花的感觉简直无法言说，因为桂花的香气中有人们对美好生活的向往与追求。

四、嫦娥奔月的传说

中秋节有很多美丽的传说,这些传说增添了节日的神秘气氛,让人忍不住浮想联翩。

远古时期,天上突然出现十个太阳。这么多太阳一齐照耀大地,把庄稼也都烤焦了,人根本没法生存。正当大家不知所措时,大力士后羿挺身而出,他要为民除害,用箭射掉多余的太阳。

他爬上昆仑山顶,拉弓射箭,一口气射掉了九个太阳。他用箭指着最后一个太阳说:"从现在开始,你每天要按时起床,准时落下,为民造福,否则我也要把你射下来。"太阳吓得瑟瑟发抖,急忙同意了,从此以后每天勤勤恳恳地造福人类。

昆仑山的西王母很敬佩后羿的英雄行为,并将自己的长生不老药送给了后羿,据说人吃了这种药可以升天成仙。只是,后羿舍不得离开自己美丽又善良的妻子嫦娥,

第七章　今夜月明人尽望——中秋节

于是就把药给了嫦娥，让她保管好。

后来，西王母赠给后羿长生不老药的事情，不小心被后羿的徒弟逢蒙知道了。逢蒙一心想要据为己有。

八月十五这天一大早，后羿要带弟子出门历练一段时间。逢蒙得知后，觉得这是拿到仙药的好时机，于是假装生病留在家里。等到晚上，逢蒙提着剑，闯进后羿家里，让嫦娥将仙药交出来。

嫦娥心想，这个人这样坏，吃了长生不老药后，不是会害更多的人吗？就想办法拖延。逢蒙见嫦娥不给药，就自己到处找，眼看就找到嫦娥藏药的地方了，嫦娥急得没法只好取出仙药，一口吞了下去。

嫦娥吃完药后，就飞了起来。她飞出窗户，飞过院子，飞过田野，后来一直飞到夜空中的月亮上去了。

后羿从外面回来，不见了嫦娥。他焦急地冲出门外，只见一片皎洁的月光。他看见圆圆的月亮上树影婆娑，树下还有一只玉兔跳来跳去，嫦娥正站在一棵桂树旁深情地凝望着自己。他急忙大声呼唤嫦娥，并且一边喊一边向月亮跑去，只是他前进一步，月亮就后退一步，怎么也追不上。

嫦娥飞走后，乡亲们也非常想念她。以后每年八月十五的夜晚，就在院子中摆放一些嫦娥以前爱吃的食物为她祝福。从此以后，八月十五就成为人们期盼团圆的中秋佳节。

听了这个故事，你是不是很佩服老祖宗的想象力呢？那时他们对日月星辰了解得还不是很多，不知道月亮上面的暗处是因为有凹坑所以看起来很暗，但是他们却用树木、玉兔、嫦娥等将这些外观解释得合情合理。你再看看那些暗处，是不是很像一棵树？

五、哪些国家也过中秋

除了中国过中秋节外,在世界其他地方也有过中秋节的习俗,比如韩国、日本、越南等。

很多亚洲国家其实都有自己的"中秋节",而且有着各自独特的风俗。

一、韩国

韩国的中秋节叫"秋夕节",其节日内容跟中国的不太一样。这一天人们除了回乡探亲、祭祀先祖外,还会带着礼物走亲访友,所以韩国的日历将这一天写作"Korean Thanks Giving Day",意思是"韩国感恩节"。

韩国人在中秋节的时候,家家户户都会蒸制半月形的松饼。韩国的松饼有点儿类似中国的饺子,有皮有馅,是用米粉蒸制而成。他们在中秋节的时候不仅吃松饼,还会用松饼祭祀祖先,也会将松饼赠送给亲友。

二、日本

日本的中秋节叫"月见节"。日本中秋节的时候，大家一边赏月，一边饮宴，这叫"观月祭"。每年中秋，八坂神社都会进行精彩的"观月祭"表演。日本人在中秋佳节的时候，会吃一种叫"月见团子"的糯米点心。其造型小巧可爱，现在已经发展出各种造型和口味。

三、越南

越南的中秋节叫"望月节"。越南的中秋节非常特别，跟中国的完全不同。虽然也跟月亮有关，但是却没有中国的团圆之意，越南的中秋节更像是儿童的节日。中秋节那天晚上，家长会给孩子买他们喜欢的玩具和零食，孩子们会提着鲤鱼灯笼出去玩，象征着长大"鲤鱼跳龙门"，他们还会去看舞狮节目。

四、缅甸

缅甸的"光明节"跟中国的中秋节类似。八月的月圆之夜，缅甸人要用灯火来庆祝"光明节"。光明之夜，缅甸万家灯火，整个国家恍如白昼。各个地方的庆祝活动各不相同，有放电影的，有演话剧的，有跳舞唱歌的，佛塔内还有布施斋饭的，好不热闹，连缅王也会在那天夜里出宫观灯。

五、泰国

泰国的中秋节叫"祈月节"。每年八月十五的夜晚，泰国人要在门口放置用甘蔗做成的拱门，大家一起祭拜月亮。桌子上供奉着民间传说的"八仙"，还有寿桃、月饼等美食。据说，中秋节向月亮祈福，"八仙"会将寿桃等礼物带给观音，这样观音菩萨就会"降福生灵"。

六、伊朗

伊朗的中秋节叫"麦赫尔干节"。节日时间是伊朗太阳历的七月十六，沿袭自密特拉教。伊朗的中秋节是继伊历新年之后最大的一个节日，节日期间，大家以品尝丰收果实为乐。

此外，新加坡、马来西亚及菲律宾等地也有中秋赏月吃月饼的习俗。看来，不管在何处，大家对月亮都有别样的情愫。

第八章

夕餐秋菊之落英
——重阳节

一、重阳节的起源

重阳节的节期是农历九月初九,所以也叫"重九节"。因为数字"九"在《易经》里是阳数,所以九月九日叫"重阳节";古人在重阳节有插茱萸、登高祈福的习俗,所以也叫"茱萸节""登高节";现代又叫"老人节""敬老节"。

关于重阳节的起源之说主要有以下三种。

一、源自上古九月丰收庆典习俗

对于一个农耕社会来说,每年农事完毕后,都要在九月举行丰收祭天、祭祖活动。《吕氏春秋·季秋纪》中记载道:"(九月)命冢宰,农事备收,举五种之要。藏帝籍之收于神仓,祗敬必饬。"还有,"是日也,大飨帝,尝牺牲,告备于天子"。从这两段话可以看出当时就有九月祭天帝、祭祖先的活动。

二、源自祭祀"火神"

古人对火是非常崇拜的,为此他们把一颗很亮的星看作火神的化身,亲切地称它为"大火",将其列为二十八星宿之一。古人将"大火"看作季节变换的标志,通过观察"大火"星的位置来划分季节。当"大火"星退隐的时候,也就意味着寒冷的冬季要来了。

因为古人冬天没有足够的粮食,没有厚厚的衣服,也没像现在这样能抵御寒冷的房子,所以每年冬天都会有一些人被冻死、饿死。于是人们便在九月举行一些活动来祭祀火神,让它保佑人们平安度过寒冷的冬天。后来重阳节祈求"平安""长生""避灾"等习俗,主要就是来源于此。

三、源自古人的登高习俗

古人认为一开始天和地是连接在一起的,人和神可以相互往来,人可以通过高山、大树到达天上,成为神仙,于是便有了登高的习俗。

屈原在《远游》中写道:"集重阳入帝宫兮,造旬始而观清都。朝发轫于太仪兮,夕始临乎微闾。"这是有文字记载后"重阳"二字首次出现。

屈原还在《离骚》中写道,"椒专佞以慢慆(tāo)兮,樧(shā)又欲充夫佩帏",这里"樧"就是茱萸;还有"朝饮木兰之坠露兮,夕餐秋菊之落英",这是最早关于重阳节戴茱萸、饮菊花酒、吃菊花饼的文字记载。

  随着时间的不断流逝,重阳节最终变成现在的模样。也许几千年后,人们会以另外一种方式过重阳节,那时的人们可能也好奇我们这些"古人"是怎么过重阳节的。

二、古代人是怎么过重阳节的

虽然古人没有相机,但是古人可以通过自己的笔将一些节日的盛况记录下来,比如唐代的王维,就在重阳节那天挥笔写下"独在异乡为异客,每逢佳节倍思亲。遥知兄弟登高处,遍插茱萸少一人"。

先秦时期,因为南北各地风俗各不相同,文字也没有统一,很少看到关于重阳节的文字记载。直到汉朝,因为大一统,南北文化开始融合统一,重阳节的习俗慢慢流行开来。

西汉刘歆在《西京杂记·戚夫人侍儿言宫中乐事》中,记载了西汉时期重阳节的一些习俗,"说在宫内时……九月九日,佩茱萸,食蓬饵,饮菊花酒,云令人长寿",意思是说九月九日,戴茱萸、吃蓬糕,饮菊花酒,可以让人长寿。

三国时，魏文帝曹丕于九月九日送给当时著名书法家钟繇一束菊花并附信一封，信中详细记载了九月九日的习俗，并说明了重阳节的命名："岁往月来，忽复九月九日。九为阳数，而日月并应，俗嘉其名，以为宜于长久，故以享宴高会。"可以看出，三国时，重阳节时会有"享宴高会"，此外君臣、亲友之间还用菊花来祝寿。

魏晋时，重阳节的气氛越来越浓。晋人重阳节开始有了赏菊、饮酒的习俗。晋代的伟大诗人陶渊明在《九日闲居》中写道："余闲居，爱重九之名。秋菊盈园，而持醪靡由，空服九华，寄怀于言。"陶渊明在这里提到了菊花和酒。

南朝梁宗懔在《荆楚岁时记》中记载道："九月九日，四民并籍野饮宴。"这句话的意思就是，九月九日那一天，士农工商四民都登高野宴。

唐朝将很多节日都固定下来，重阳节也不例外，被定为一个正式节日。从这以后，全民一起庆祝重阳节，唐朝人还会在重阳节期间举行丰富多彩的庆祝活动，一些诗人也会写下一些贺重阳、咏菊花的诗句。

到了宋代，重阳节更是热闹非凡。孟元老在《东京梦华录·重阳》中记载了北宋重阳节的盛况，"九月重阳，都下赏菊有数种……酒家皆以菊花缚成洞户。都人多出郊

第八章　夕餐秋菊之落英——重阳节

外登高……前一二日，各以粉面蒸糕遗送……诸禅寺各有斋会……有狮子会。诸僧皆坐狮子上，作法事讲说，游人最盛"。从这段记载中可以看出，当时的重阳节不仅赏菊花、登高，有各种漂亮的糕点，还有斋会、狮子会，僧人还讲说佛法。这是何等盛况！

明朝时，皇宫从九月初一开始就吃花糕庆祝。重阳节那天，皇帝要亲自到万岁山上登高远望，以畅秋志。

清代的时候，流行的还是明代的重阳风俗。出生于清朝的富察敦崇在《燕京岁时记》中曾记载昔日北京过重阳节的盛况："提壶携榼（kē），出郭登高……赋诗饮酒，烤肉分糕，洵一时之快事也。"

在秋高气爽、菊花盛开的九月九日，邀上三五好友，一起登高远眺，该是多么惬意之事啊！

三、重阳节有哪些习俗

跟其他传统节日一样,重阳节也是家人团圆,纪念先祖的日子,主要习俗有登高、赏菊、插茱萸、吃糕等。

在重阳节这天,人们会举行各种民俗活动。不同的地方,习俗不尽相同。

一、登高

重阳节,也叫"登高节",重阳节登高的习俗由来已久。古人为什么要在重阳节那一天登高呢?主要原因有以下几点。

1. 出于古人对山川的崇拜,资料记载,中国早在春秋战国时期就流行"登山祈福"。古人对山川又敬畏又崇拜的态度,可以从西汉学者戴圣在《礼记·祭法》中的记载看出:"山林川谷丘陵,能出云,为风雨,见怪物,皆曰神。"

第八章 夕餐秋菊之落英——重阳节

2. 古人认为重阳节这一天，是"清气上扬、浊气下沉"的气候，这一天地势越高的地方清气聚集得越多。为了能呼吸到更多的清气要登高，于是登高便成为一个习俗流传下来。

3. 九月已经入秋了，重阳节过后天气转凉，草木开始变黄，于是登高就有"辞青"一说，正好跟三月"踏青"相呼应。

4. 东汉时期，开始流行重阳节登高能躲避灾难保平安一说。

二、赏菊和饮菊花酒

重阳节也叫"菊花节"，中国很早就有赏菊花的风俗。重阳节时，五彩缤纷的菊花在秋风瑟瑟中迎霜怒放，这种傲骨被文人竞相称赞，于是便有了赏菊赞菊的菊文化。三国时期，重阳节赏菊作诗是当时文人的一种时尚。

茱萸和菊花

菊花因为独特的品性，象征着顽强的生命力。此外，菊花还含有对人体有益的物质，在中国还象征长寿。古人认为，重阳节饮菊花酒可以祛灾祈福，是"吉祥酒"。

三、插茱萸和簪菊花

重阳节也叫"茱萸节"，古时流行重阳节插茱萸。茱萸是一种中药，古人认为，在重阳节这一天登山的时候戴上茱萸可以驱虫祛湿、逐风邪。于是，那一天，妇女、儿童便将茱萸或戴在手臂上，或插在头上，或磨碎放在香囊中。

除了戴茱萸，也有人戴菊花。唐朝时就流行戴菊花。清朝时，北京盛行在重阳节那一天把菊花枝叶贴在门窗上，可以"解除凶秽，以招吉祥"。

四、吃重阳糕

重阳糕，也叫花糕、菊糕、五色糕。这个糕点制作比较随意，没有统一的规定，不过通常都要做成九层，上面还要做出两只小羊的形状，以暗合"重阳（羊）"之义。有的地方，还会在糕点上插一面红色的纸旗，并点上蜡烛灯，用"点灯""吃糕"暗示"登高"的意思。

五、祭祖

中国人崇拜祖先，一年中有四个节日是专门用来祭祀祖先的，即除夕、清明节、七月半（中元节）、重阳节。重阳节那一天，古人有祭祖祈福的习俗，直到现在岭南一带还盛行重阳祭祖的风俗。

第八章　夕餐秋菊之落英——重阳节

其实，重阳节的这些习俗，无论是登高、赏菊，还是祭祖活动，其根本目的是增强人们的文化认同感，加强家族和社会的凝聚力，可能这也是我们中华民族跟其他民族的不同之处吧。

四、桓景降妖的传说

中国每一个传统节日都附会一些神话传说，这些传说正好契合一些节日的习俗，比如重阳节的传说里面很好地解释了登高习俗的由来。

相传东汉时期，汝南县的汝河里住着一个瘟魔。这个瘟魔每年都会跑出来祸害村民，只要它一出现，村子里家家户户就会有人生病，有的还会丧命。附近的百姓都受尽了瘟魔的折磨，却又对它无可奈何。

汝南县有个青年叫桓景，有一年瘟疫夺走了他的父母，自己也差点儿丧命，他立志要除掉瘟魔，让百姓过上太平的日子，为此四处寻找仙人。功夫不负有心人，后来他终于打听到东南山中有一个叫费长房的仙人可降伏瘟魔，于是他翻山越岭，终于赶到了东南山。

在仙鹤的指导下，桓景找到了费长房居住的地方。他虔诚地跪在门前，希望费长房收自己为徒，传授他降伏瘟

第八章 夕餐秋菊之落英——重阳节

魔的法术。这样一直跪了两天两夜,最终费长房被他不畏艰难、一心为民的精神所打动,收他为徒,并传授他降妖除魔的法术。

有一天,桓景正在专心练习法术,费长房走来了。他对桓景说:"今年的九月九日,汝河瘟魔又会出来作恶,现在你已经学有所成,也该回去为民除害了。九月九日那天你让父老乡亲戴茱萸,登高,饮菊花酒,就可以躲避灾难。"费长房送给桓景一包茱萸叶、一瓶菊花酒,并授以避邪秘诀,让桓景骑着仙鹤赶回家去。

桓景回到家乡后,在九月九日那天早晨,按照费长房的吩咐将乡亲们送到了附近的高山上,并给每人一片茱萸叶、一盅菊花酒。安排好这一切后,桓景自己一个人回到了村里,静等瘟魔的出现。

中午时分,北风骤起,汝河咆哮,天昏地暗之际瘟魔冲出水面,扑向村子。这时,瘟魔突然闻到了茱萸和菊花的香气,脸色突变,瑟瑟发抖,不敢前行。正当瘟魔踌躇不前时,桓景"嗖"的一声拔出降妖宝剑,最终桓景将瘟魔斩杀,汝南县的百姓终于过上了太平的日子。

虽然汝南县的瘟魔危害已经解除,但是每年九月九日插茱萸、登高、饮菊花酒的习俗却保留下来,并且越传越远,最后变成了重阳节。

五、陶渊明的重阳节佳话

东晋诗人陶渊明因不满当时官场的腐败,辞官回家隐居,并在屋边种了很多菊花日夜观赏,留下了"采菊东篱下,悠然见南山"的千古名句。因为陶渊明酷爱菊花,人们便将他与重阳节紧密联系起来。

陶渊明跟重阳节的渊源,要从他写重阳节的《九日闲居》说起。他在这首诗的序中写道:"余闲居,爱重九之名。秋菊盈园,而持醪靡由,空服九华,寄怀于言。"这个序点明了陶渊明作这首诗的原因,他因喜欢"重九"这个节名,又因为秋菊满园,想喝酒却无酒可喝,于是便写下这首诗抒发一下自己的心情。

接着他在诗中说:"世短意常多,斯人乐久生。日月依辰至,举俗爱其名……酒能祛百虑,菊解制颓龄……尘爵耻虚罍,寒华徒自荣……"是啊,人生苦短,但是人人都

第八章 夕餐秋菊之落英——重阳节

希望能长生；四季变化，但人人都喜欢重阳这个好听的名字；酒能解千愁，菊花能益寿；但是现在酒杯却落满了灰尘，寒菊独自开放……陶渊明在这首诗里将重阳节、菊花和酒都联系起来。

根据南朝《宋书·本传》中的记载，陶渊明"尝九月九日无酒，出宅边菊丛中坐久"。陶渊明坐在菊花丛中会感叹什么呢？是不是感叹重阳节有菊花却无酒的遗憾？

南朝宋史学家檀道鸾在《续晋阳秋》中有一段记载，正好补充了上面正史的内容，他写道："陶潜尝九月九日无酒，宅边菊丛中，摘菊盈把，坐其侧久，望见白衣（官府中杂役小吏）至，乃王弘送酒也。即便就酌，醉而后归。"

这段话的意思就是，正当陶渊明坐在菊花丛中惆怅没有酒喝，只能采一把菊花放在手中时，忽然看到有一个白衣人送酒来了，原来那白衣人是江州刺史王弘派来的小吏。看见酒，陶渊明喜不自胜，赶紧打开，对着菊花畅饮起来。

这便是陶渊明在重阳节"无人送酒"和"白衣送酒"的两个典故。至于重阳节陶渊明到底有没有喝到酒，已经无法考证了，也许这两个故事都曾有过，不过发生在不同的年份而已。

后人根据这两个典故，写下了很多重阳节的诗歌，比如唐代的王绩在《九月九日赠崔使君善为》中写道:"香气徒盈把,无人送酒来。"唐代的岑参在《行军九日思长安故园》中也写道:"强欲登高去,无人送酒来。"还有清代的蒲松龄在《重阳》中写道:"今日重阳又虚度,渊明无酒对黄花。"

　　菊花是"四君子"之一,象征着凌霜飘逸的世外隐士。曹丕曾经称赞说:"九月九日,草木遍枯,而菊芬然独秀。"陶渊明酷爱菊花,也爱重阳节,写了很多跟菊花有关的诗歌,他的高洁、他的淡泊名利,他不屈不挠的精神跟菊何其相似。于是,人们便将陶渊明跟重阳节慢慢融合在一起,成为重阳节的代表。宋代的唐庚直接在《九日怀舍弟》一诗中说"重阳陶令节",将陶渊明跟节日名合成了一词。

　　陶渊明是中国文化的一个符号,象征着一种清高、一份潇洒、一种恬淡,重阳节也因为陶渊明而变得厚重起来。

第九章

今朝佛粥交相馈
——腊八节

一、腊八节的由来

腊八节的节期是农历十二月初八。腊八节，古时叫"腊日"，也叫"腊日祭""腊八祭""法宝节""佛成道节"等。

"腊月"的"腊"有三层含义：首先，"腊者，接也"，寓意在这个新旧交替的时候，举行一个大的祭祀活动；其次，"腊者同猎"，于是"猎祭"变成了"腊祭"，"腊"字是"肉"字旁，就是用"肉"进行"冬祭"；最后，"腊者，逐疫迎春"，意思是新年要到了，要举行祭祀活动驱逐瘟疫，祈求平安。

腊八节起源于古人的腊祭活动。上古时期，古人每年会举行春、夏、秋、冬四次大的祭祀活动，用来祭祀祖先和天地神灵，其中冬祭的规模最大，被称为"腊"。相传周朝时，中国有一些地方在十二月举行"岁终之祭"的

第九章 今朝佛粥交相馈——腊八节

活动,这个冬祭也被叫作"腊",于是人们便将十二月称为"腊月",将冬祭之日称为"腊日"。不过具体日期并不固定,直到汉代才明确规定冬至过后的第三个戌日是"腊日"。

到了南北朝时期,明确规定"腊日"就是每年的"腊月初八"。南朝的宗懔在《荆楚岁时记》中记载道:"十二月八日为腊日。"于是,腊月初八便成为腊月中一个重要的节日了。

腊八节还是佛教中的一个节日。据佛经记载,佛教的创始人释迦牟尼是一位王子。他看到世人皆受生老病死的折磨,便舍弃王位,出家苦修。为了早日找到解脱之道,他开始在山上苦修,每天只吃一麻一米,饿得瘦骨嶙峋。后来,他发现苦修无法帮助人们摆脱痛苦,于是决定放弃苦修下山。当他来到河边的一棵菩提树下时,便再也走不动了。这时来了一位牧女,将自己的午饭送给了释迦牟尼。释迦牟尼吃完饭后,便坐在菩提树下沉思起来,并于十二月初八那一天得道成佛,于是腊月初八便成了"佛成道节"。

佛教从印度传入中国后,各寺庙便在腊月初八那一天用香谷和果实做成粥送给大家吃,这个粥就是腊八粥。宋朝吴自牧在《梦粱录》中记载："八日，寺院谓之'腊八'。大刹等寺俱设五味粥，名曰'腊八粥'。"

因佛教在我国的广泛传播，腊八节也流行起来。后来几经演变，逐渐成为中国一个重要的传统节日。

二、古代人是怎么过腊八节的

中国北方曾经流行一首歌谣:"小孩小孩你别馋,过了腊八就是年。腊八粥,喝几天,哩哩啦啦二十三。"过腊八意味着拉开了过年的序幕。

唐朝时,腊八节那天有腊日射猎的习俗。唐代的边塞诗人岑参在《玉门关盖将军歌》中写道:"骑将猎向城南隅,腊日射杀千年狐。"意思就是有一位将军在腊日那一天打猎,他射杀了一只千年狐狸。

唐宋时期盛行在腊八时出城游猎,射猎所得的野兽正好用来祭祀祖先。腊日射猎的热闹场景可以从唐代刘禹锡的《连州腊日观莫徭猎西山》中看出,他写道:"海天杀气薄,蛮军步伍嚣。林红叶尽变,原黑草初烧。围合繁钲息,禽兴大旆摇。张罗依道口,嗾犬上山腰。猜鹰虑奋迅,惊鹿时蹻跳。瘴云四面起,腊雪半空消。箭头馀鹄血,鞍傍见雉翘。日暮还城邑,金笳发丽谯。"

从刘禹锡这首诗中，我们可以看出猎场四处旌旗摆动，人声鼎沸，诗人并没有直接写获得多少猎物，而是从带血的箭头、鞍旁雄羽让人去想象。从诗人详细的描写中，我们可以感受到腊日射猎的欢乐和热闹。

古人腊八节除了祭祀、射猎外，还有喝腊八粥的习俗。宋代文学家孟元老在《东京梦华录·十二月》中记载："初八日，街巷中有僧尼三五人作队念佛，以银铜沙罗或好盆器，坐一金铜或木佛像，浸以香水，杨枝洒浴，排门教化。诸大寺作浴佛会，并送七宝五味粥与门徒，谓之'腊八粥'。"

据记载，腊八节这一天，上自朝廷官员，下至黎民百姓，家家户户都要喝腊八粥。宋朝的腊八粥是什么样的呢？我们可以从宋朝末年周密所写的《武林旧事》中窥见："用胡桃、松子、乳蕈（xùn）、柿、栗之类作粥。"听起来就很好吃呢。

清朝的时候，每年的腊八节，朝廷会在北京的雍和宫举行一个盛大的祭祀祈福仪式，并且还通过佛门赐粥施粥。清朝道光皇帝在他的一首《腊八粥》中写道："一阳初夏中大吕，谷粟为粥和豆煮。应时献佛矢心虔，默祝金光济众普。盈几馨香细细浮，堆盘果蔬纷纷聚。共尝佳品达沙门，沙门色相传莲炬。童稚饱腹庆州平，还向街头击腊

第九章　今朝佛粥交相馈——腊八节

鼓。"据《燕京岁时记》记载："雍和宫喇嘛于初八日夜内熬粥供佛，特派大臣监视，以昭诚敬。其粥锅之大，可容数石米。"这段话的意思是清朝时不仅有腊八粥，还要请僧人诵经，然后将腊八粥分给王公大臣，以度佳节。

三、腊八节有哪些习俗

从先秦起,腊八节就用来祭祀祖先和神灵,祈求丰收和吉祥。腊八节除祭祖敬神的活动外,人们还要逐疫,有着许多民间风俗活动。

提到腊八节,大家首先想到的就是吃腊八粥吧。不过,腊八节的习俗可不仅于此。

一、祭祀

腊八节就是由古人的"冬祭"而来,所以祭祀活动肯定少不了。唐代的司马贞在《史记补·三皇本纪》中说,"炎帝神农氏以其初为田事,故为蜡祭,以报天地",古时的"蜡"在汉代的时候才改为"腊"。

因为中国是个农业国家,古时祭祀的对象也大都跟农业有关,比如农神田官之神、水庸神水沟、昆虫神等。古时腊祭日时间不确定,直到南北朝时才明确为腊月初八。

到了唐朝,因为佛教的兴盛,腊月初八又蒙上了一层神秘的佛教色彩。明清时期，腊八节也由之前的祭祀祖先神灵、庆祝丰收和驱疫禳灾，变成了敬神供佛。

二、腊八粥

喝腊八粥是腊八节的一项重要习俗，这个习俗已经有一千多年的历史了，早在宋代就有腊月初八喝腊八粥的文字记载。通常在腊月初七的晚上，人们就会把煮腊八粥需要的材料泡上，等腊八这一天，早早起床煮腊八粥。腊月的早晨天很冷，一家人围坐在一起，喝着热乎乎的腊八粥，享受着节日的快乐。

古时腊八粥是用红小豆、糯米熬制的，后来材料慢慢增加，大多用糯米、红豆、红枣、栗子、花生、白果、莲子、百合等熬制而成，不过各地材料各不相同。天津地区的腊八粥跟北京类似，通常由莲子、百合、珍珠米、薏仁米、大麦仁、黏秫米、黏黄米、芸豆、绿豆、桂圆肉、龙眼肉、白果、红枣及糖水桂花等熬制而成，非常美味。

腊八蒜和腊八粥

三、腊八蒜、腊八醋

在中国华北一带，有腊八节那天用醋泡大蒜的习俗。将蒜瓣剥皮，放入容器中，然后加入醋，再将容器密封好后放到阴凉的地方。慢慢地，泡在醋中的蒜就会变绿。等大年初一吃饺子的时候，取一碟腊八蒜醋蘸着吃，味道棒极了。这个蒜就叫"腊八蒜"，这个醋就叫"腊八醋"。

四、腊八面

在陕西关中一带，腊八节不流行喝腊八粥，而流行吃腊八面。腊八节的早晨，这里的人们都要吃碗腊八面。腊八面是以面和各种豆类（主要是红豆）为原料做成的，腊八面要做成韭叶宽度。

五、麦仁饭

在青海西宁地区，腊八节那天不喝腊八粥，而是吃麦仁饭。这里的人们在腊月初七晚上，就将新碾的麦仁和牛羊肉放在一起慢慢文火熬煮，然后加上青盐、草果、花椒等调料，等到腊月初八一大早一锅喷香扑鼻的麦仁饭就做好了。

四、腊八节的传说

腊八节是腊月的第一个节日。关于腊八节的起源，民间有好几个传说。

关于腊八节的起源，可以说是众说纷纭了。

一、赤豆打鬼说

颛顼氏是传说中的五帝之一，相传他的三个儿子死后变成恶鬼，经常出来吓唬小孩子。据说，他们除了赤豆（红豆）什么都不怕。于是，人们便在腊月初八这一天用赤豆熬粥，喝下去就能祛疫迎祥。

二、悼念民夫说

秦朝时，秦始皇强迫人民离开自己的家乡，去边关修筑长城，对这些民夫的食物他一概不管，让他们的家人负责运送。有的民夫离家很远，到了冬天，路又不好走，粮食根本没法及时送到，导致很多民夫饿死在工地上。有一年的腊月初八，一些快要断粮的民夫将最后几把五谷杂粮放在一口大锅里煮成了稀粥,一人喝一碗充饥。不过,最后他们还是因为缺粮,饿死在长城脚下。后来,为了悼念这些饿死的民夫,人们便在每年腊月初八这一天煮腊八粥喝。

三、朱元璋与"腊八粥"

相传,有一年的腊月初八,年轻的朱元璋又冷又饿,家里已经没有粮食下锅了。朱元璋拖着虚弱的身体到处寻找吃的,最后终于在一个老鼠洞里找到一些红豆、大米、红枣等食物。朱元璋便将这些粮食煮成了粥,喝了下去。后来,朱元璋当上皇帝,为了纪念那段艰苦的日子,便把这一天定为腊八节,将那天吃的杂粮粥叫"腊八粥"。

四、纪念岳飞说

那年腊月初八,天寒地冻,岳飞带领"岳家军"跟金人在朱仙镇大战。当百姓得知"岳家军"缺衣少食后,纷纷煮粥相赠,饱餐一顿的"岳家军"大胜而归。岳飞死后,人们为了纪念他,每年的腊月初八就以杂粮豆果煮粥喝,后来便成为一个风俗。

五、勤俭持家说

相传西晋时期,有老两口非常勤俭,攒下一大笔家产,但是他们的儿子却懒得出奇,花钱还大手大脚。老两口死后,他们的懒儿子很快就败光了父母留下的家产,

第九章　今朝佛粥交相馈——腊八节

到了某年腊月初八这一天，家里已经无米下锅了。懒儿子饿得受不了了，只得从床上爬起来到处找吃的，他在火炕的缝里发现了几粒豆子，后来又在墙缝里发现了一些米粒，又在地缝里抠出一些玉米。他翻遍了家里的坛坛罐罐，终于熬出了一锅"杂合粥"，一边吃一边反省自己过往的行为，最后决定痛改前非。后来在邻居的帮助下，他的日子慢慢好了起来。以后，每到腊月初八，当地人就煮一锅"杂合粥"吃，并且边吃边警告孩子不要忘记祖先勤俭节约的美德。慢慢地这个习俗就演变成了腊八吃粥的风俗。

五、文人笔下的腊八节

腊八节的历史悠久,我国古代文人留下了很多关于腊八节的记载。

古代文人在腊八节这个重要的节日里,用他们手中的笔,将腊八节的盛况记录了下来。

魏晋时期的著名大臣、地图学家裴秀,在《大腊诗》中就记载了腊八节那一天举国祭祀,向神明汇报这一年丰收的盛况,同时感谢神明的保佑。他在诗中写道:"有肉如丘,有酒如泉。有肴如林,有货如山。率土同欢,和气来臻。祥风叶顺,降祉自天。"

一般腊八的时候都很冷,但是偶尔也有暖和的时候,这时古人会怎么想呢?可以从唐代杜甫写的《腊日》中看出。杜甫写道:"腊日常年暖尚遥,今年腊日冻全消。侵凌雪色还萱草,漏泄春光有柳条。纵酒欲谋良夜醉,还家初散紫宸朝。口脂面药随恩泽,翠管银罂下九霄。"

第九章 今朝佛粥交相馈——腊八节

从杜甫的这首诗中,我们看到那一年的腊八是如此不同:不仅冰雪已经融化,露出绿色的青草,柳条还开始发芽了。这样春日融融的天气,心情当然好了。这样好的心情虽然很想回到家里喝上一杯,但是想到皇帝的恩泽便忍住了。

杜甫在腊八节这天还心怀家国天下,那你知道北宋的大文豪苏轼在腊八节这天想的是什么吗?宋神宗元丰六年(1083年)的腊月初八那天,苏轼正好去给好友张怀民送行,张怀民即将返回京城。他们在张怀民的草庐开怀痛饮,于是有感而发,苏轼便写下了《南歌子(黄州腊八日饮怀民小阁)》。他写道:"卫霍元勋后,韦平外族贤。吹笙只合在缑山。闲驾彩鸾归去、趁新年。烘暖烧香阁,轻寒浴佛天。他时一醉画堂前。莫忘故人憔悴、老江边。"

苏轼的这首词里写了当时腊八节的一个习俗:浴佛会。所谓浴佛会,就是腊八节那天佛教寺庙举行的一种宗教活动,这一天佛教信徒要用拌有香料的水清洗佛像。

如果腊八节这一天不能跟亲人相聚,古代文人可能会喊上朋友一起聚会。比如明代文学家杨慎,他就在某年腊八节那一天跟朋友吃完饭后一起去桥上散步,也很惬意。他在《腊八日与墨池野酌迟丘月渚》中写道:"散步谪仙桥,严寒酒易消。云容将变朔,风信已鸣条。只为朋从好，浑忘旅寓遥。清吟迟月渚，剪烛永今宵。"

  寒冬腊月容易让人伤感，尤其是诗人，他们的心更敏感，又遇到节日，可能会产生很多感慨。某年腊八节那一天，晚清诗人陈曾寿在煮粥的时候，忽然想起了很多年少时的往事，然后又想起了自己已经去世的父母，感觉一切是过眼云烟，一晃自己也已经年过花甲，不免有些伤感。陈曾寿在《腊八日煮粥感赋·其一》中感慨道："香粥分雏闹膝前，儿时风味渺如烟。老夫奉佛焚香了，自忏平头六十年。"

第十章

上天言好事
——祭灶节

一、祭灶节的由来

祭灶节也叫小年、灶王节,其节期南北有别:一般北方地区在腊月二十三,南方大部分地区则是腊月二十四。

祭灶节(小年)的主要习俗就是祭灶,民间祭灶源于古人的拜火习俗。上古时期,人们对一些关系民生的事物往往有着特殊的感情。因为科学知识匮乏,他们通常会将一些物体和自然现象进行神化,比如烹饪食物的灶。

东汉刘熙在《释名》中是这样解释"灶"的:"灶,造也,创食物也。"从生冷食物到美味可口的熟食,都离不开灶的煎煮熏烤。灶火还给人们带来了光明和温暖,更让古人的身体变得更加强壮,于是古人便将关乎生死幸福的灶火神化了,变成了大家崇拜的"灶神"。

古人认为灶神就是执掌灶火、管理饮食的一位神仙,

第十章 上天言好事——祭灶节

差不多家家都在灶间设置"灶王爷"的神位,并尊称其为"灶君司令"。据说这位"灶王爷"可是玉皇大帝亲封的"九天东厨司命灶王府君"。

中国祭灶的风俗由来已久。据说,夏朝时灶君就已经是民间尊崇的一位"大神"了。《论语·八佾》中说"与其媚于奥,宁媚于灶",意思是与其巴结房屋西南角的神,还不如巴结灶神呢。从这可以看出,那时人们就对灶神很尊敬。

先秦时期,祭灶是"五祀"之一。所谓"五祀",就是古人所祭祀的五位神仙,他们分别是灶神、门神、行神、户神、土神。《周礼·春官·大宗伯》中记载:"以血祭祭社稷、五祀、五岳。"祭灶的时候要设立神主,还要用丰盛的酒食当作祭品。

开始时灶神的职责是执掌灶火,管理饮食,不过后来又扩大到考察人间善恶,以降福祸。晋代名臣周处在《风土记》中记载:"腊月二十四日夜,祀灶,谓灶神翌日上天,白一岁事,故先一日祀之。"

到了汉代的时候,祭灶这个活动被确定为国家仪轨,汉武帝"以李少君故,始祀灶"。

宋代时,文学家范成大在《祭灶词》中记载:"古传腊月二十四,灶君朝天欲言事……送君醉饱登天门,杓长杓短勿复云，乞取利市归来分。"从这个记载中我们能看到当时还是在腊月二十四祭灶。其实，清朝中期之前，祭灶日一直是腊月二十四，为什么后来又改在了腊月二十三呢？

《清嘉录》卷十二《十二月·廿四夜送灶》中记载："俗呼腊月二十四夜为廿四夜，是夜送灶。"《清朝野史大观·清宫遗闻》中记载，乾隆时期，祭灶还是每年的腊月二十四。后来为了节省开支，帝王在腊月二十三举行的祭天大典中顺便将"灶王爷"也拜了。于是，离北京近的北方地区的百姓纷纷效仿，小年祭灶便挪到了二十三，而南方大部分地区却仍然保持着腊月二十四过小年的古老传统。

二、祭灶节的民间传说

每年小年,人们便停下手中忙碌的活计,开始年前的祭灶送神活动,以祈祷灶神"上天言好事,回宫降吉祥"。

关于祭灶节的由来,民间有个有趣的传说。

据说,古时候有一户张姓人家,家里有兄弟二人,老大是泥水匠,老二是画家。老大非常擅长垒锅台,方圆百里都是出了名的,于是被大家尊称为"张灶王"。张灶王不仅锅台垒得好,还非常热心。不管谁家遇到什么纠纷或困难,他都会主动去帮忙,所以左邻右舍都很尊敬他,有什么事也找他商量,当然张家兄弟俩的家也是他当。

张灶王活到了七十岁,在腊月二十三那天夜里寿终正寝。因为平时都是张灶王管家,张家老二只管吟诗画画,家里大大小小的事情从来没有操心过。张灶王去世不久,张家就乱了套，几房儿媳妇都吵着要分家，这可愁坏了张家老二。

张家老二苦思冥想，终于想出一个办法来。第二年的腊月二十三，也就是张灶王一周年的祭日那天深夜，张家老二忽然将全家人都喊起来。他说大哥显灵了，说着将全家老小带到厨房，只见黑乎乎的灶壁上，张灶王的身影在飘动的烛光中若隐若现。

看到这一幕，大家都惊呆了。张家老二趁机说："我晚上睡觉梦到大哥已经成仙，被玉皇大帝亲自封为'九天东厨司命灶王府君'。大哥听到你们要分家，还看到你们好吃懒做，对长辈也不孝不敬，非常生气，准备跟玉皇大帝禀告，等大年三十晚上再下界来惩罚你们。"

几房儿媳妇听说后吓得心惊胆战，急忙跪在地上对张灶王磕头不已。她们一边磕头一边请求原谅，还将张灶王平时爱吃的食物供在灶上，恳请张灶王宽恕她们。从此以后，张家儿媳再也不敢吵闹了，全家都和睦相处、安宁度日。

其实，那天哪有什么"大哥显灵"，不过是张家老二画的画像。张家老二想借"大哥显灵"来吓唬儿媳们，让她们和和气气过日子。从最后的结果来看，这个方法很不错。

第十章 上天言好事——祭灶节

后来，街坊邻居知道了这件神奇的事情，大家也想请张灶王给自己家带些好话给玉皇大帝，于是张家老二便把大哥的画像分给邻居。灶房上贴灶王像便流行起来，后来演变成腊月二十三给灶王爷上贡、祈求合家平安的习俗。

三、祭灶节有哪些习俗

据说灶王爷从上一年的除夕以来，一直都待在家中，等到腊月二十三时便到天上去，将一年来这家人的善行和恶行报告给玉皇大帝。玉皇大帝根据灶王爷的汇报，再将这家人新的一年中的命运交给灶王爷，所以灶王爷的汇报跟这家人来年的命运息息相关。古人为了新年有好运，延伸了很多祭灶习俗。

民间过小年的习俗有很多，若细细品味，都不无道理。

一、祭灶

小年这一天最重要的活动就是祭灶了。这一天，家家户户要揭下旧的灶王爷像，然后"请"回一张新的灶王像。

相传这一天，灶王爷要上天向玉皇大帝做汇报，所以人们在送灶时除了要在新的灶王爷像前面供奉糖果、糕点，还要摆放清水、草料等，这是为灶王爷的坐骑准备的。

祭灶的时候，要用火把糖熔化，涂在灶王爷嘴的四周，边涂边说"好话多说，不好的话别说"。这是用糖来堵灶王爷的嘴，让他不要在玉皇大帝那里说坏话。

有的地方还有"男不拜月，女不祭灶"的习俗，也就是说只有男子能祭灶王爷。有"送"当然还要有"接"。等到大年三十的晚上，灶王爷将领着诸神来人间过年，所以除夕那天还得有"接灶""接神"的仪式。

二、扫尘

过了小年，离过年就不剩几天了，于是民间便把从小年到除夕这段时间叫"迎春日"，也叫"扫尘日"，这段时间要打扫房子。

扫尘是为了除旧迎新、拔除不祥，家家户户要认真对待，进行彻底的清扫。不仅要清理各种器具，拆洗被褥窗帘，还要洒扫庭院、整理橱柜、擦洗玻璃、贴窗花、贴年画，让家里焕然一新，到处都洋溢着欢乐的节日气氛。

三、洗浴

俗话说"有钱没钱，剃头过年"，所以过年前大人、小孩都要洗浴、理发。在山西吕梁一带，还有腊月二十七日洗脚的习俗。这天傍晚，吕梁一带的婆姨都要用开水洗脚，据说这天洗脚能保来年健康。

四、婚嫁

俗话说："岁晏乡村嫁娶忙，宜春帖子逗春光。灯前姊妹私相语，守岁今年是洞房。"民间认为，只要过了小年，诸神都上了天，所以从小年开始直到年底都百无禁忌。这段时间大家娶媳妇、嫁姑娘都不用择日子，被称为"赶乱婚"，所以民间这段时间结婚的特别多。

四、独特的祭灶节文化

祭灶节是中国的传统节日。它不仅具有浓郁的民间风情，而且具有深厚的文化意蕴，从而形成了独特的祭灶节文化。

根据中国民间习俗，祭灶之后家家户户要贴春联。贴春联要做到有神必贴、有门必贴、每物必贴。比如，在北方除了要在灶王爷画像面前供奉水果、糕点外，还要在两边贴上一副对联，上联是"上天言好事"，下联是"回宫降吉祥"或者"下凡降吉祥"。这个对联是人们对灶王爷的殷切叮嘱，希望他上天之后多说好话，然后带着吉祥回来。

祭灶节时还会祭拜一些神仙。常见的天地神对联是"天恩深似海，地德重如山"，这表达了对天地神恩情的敬仰；常见的土地神对联是"土中生白玉，地内出黄金"，这副对联表达了人民对未来美好生活的希望；常见的关于财神的对联是"天上财源主，人间福禄神"，这是对财神爷的夸奖；常见的井神对联是"井能通四海，家可达三江"，这个水井好厉害啊。

此外，像粮仓、畜圈等处也都要贴上对联，通常是诸如"五谷丰登，六畜兴旺""米面如山厚，油盐似海深""牛似南山虎，马如北海龙""大羊年年盛，小羔月月增"等。这些对联表达了人民对未来生活的美好期望。

一般大家会在每个房间的室内贴上"抬头见喜"，在房门的对面贴上"出门见喜"，在院内贴上"满院生金"，即便是一棵树也要贴上"根深叶茂"，石磨上会贴"白虎大吉"，大门上会贴"春回大地百花争艳，日暖神州万物生辉"等妙语，从而营造出一片喜庆、祥和的过年气象。

过了小年，也就意味着大年要来了，人们会满怀期待，但是对南宋的民族英雄、诗人、文学家文天祥来说却满是绝望。他因为兵败被俘，囚禁在元大都，面对敌人的劝降他不愿屈服，他想未来可能除了一死也没有什么期盼了，所以他在《小年》中写道："燕朔逢穷腊，江南拜小年。岁时生处乐，身世死为缘。鸦噪千山雪，鸿飞万里天。出门意寥廓，四顾但茫然。"

第十章 上天言好事——祭灶节

元代诗人范梈（pēng）在《小年日，仍宿北山》中写道："腊日才过又小年，那堪泽国雨连天！儿童把酒传明烛，远想慈亲尚未眠。"从这首诗中，我们可以感受到范梈浓郁的思乡之情。

五、祭灶节的美食

作为春节的前奏曲，过小年热闹仅次于过年。古话说"二十三糖瓜粘，灶君老爷要上天"，这么重要的传统节日，怎能少了花样繁多的美食？

小年是一个很重要的节日，要吃的美食可不少。

一、饺子

俗话说"送行饺子迎风面"，为灶王爷送行，当然要吃饺子了。过小年举行祭祀仪式时，会端上饺子。此外北方小年晚上会吃饺子，毕竟古代有"好吃不过饺子"的俗语。

二、粘糕

你知道"二十三，粘糕粘"的民谣吗？这是山东鲁西一带的民谣。每年过小年时，山东鲁西一带家家户户用黄米、红枣为原料做粘糕。这里的粘糕不仅味美，还有"年年高"的美好寓意。灶王爷吃了这美味的粘糕，就不再说人间坏话，只说好事了。

三、麻糖

晋西北这一带的人们，在腊月二十三时会吃麻糖，还会给灶王爷的嘴上也抹点儿。这样灶王爷的嘴就被麻糖粘住，也就不能把人间美味奢侈的事情禀告玉皇大帝了，喜欢吃喝的人们就不会受到处罚，来年就会是一个平安丰收之年。

四、米饼

广西武宣、桂平等地区的人们在祭灶节时有吃米饼的习俗。这里的米饼是用糯米做的，呈圆形，除了有粘住灶王爷嘴的作用外，还象征着"团团圆圆"。

五、杀年猪

汉文化地区还有过祭灶节杀年猪的习俗。祭灶节时将自己家养的猪杀了，然后挑最好的肉做成各种猪肉美食，邀请亲朋好友到家里来吃饭。

多种多样的灶糖

六、年粽

在广西南宁一带有过小年吃"年粽"的习俗。这里的年粽大小不一、长短不一，有圆有扁，里面还有馅料，有绿豆的、猪肉的、红枣的等。俗话说"年粽年粽，年年高中（粽）"，过小年吃年粽，是人们对新年吉祥的期盼。

七、关东糖

关东糖也叫灶王糖，是只有过小年前后才有的一种糖。它由麦芽、小米熬制而成。祭灶神的时候，乳白色的关东糖可是一道非常好吃的贡品，又香又酥，还有黏性，是大人孩子最爱的糖。

八、爆米花糖

江西靖安县一带还有"小年小年，爆米糖甜"的说法。小年的时候，这里的人们将麦芽糖和爆米花完美融合在一起，做成香甜可口的爆米花糖，象征着新的一年财运爆棚。

第十一章

守岁接长筵
——除夕

一、除夕的由来

"年"的最后一天叫"岁除",这一天的夜晚就叫"除夕"。除夕也是新一年的前夕,跟新年首尾相接,是辞旧迎新一个重要的时间交界点,民间非常重视。除夕的节期有时是腊月二十九,有时是腊月三十。

中国很多传统节日都可以追溯到远古时代,除夕也不例外。它源自古代一种驱鬼逐瘟的跳神迷信——"大傩"风俗。

远古时代缺乏科学知识,面对瘟疫和一些自然现象,人们也没有好的办法,只能寄希望于迷信的仪式来寻求庇佑,"傩祭"就是当时的一种仪式。

历史上最早关于"傩祭"的文字记载出现在先秦时期,《论语·乡党第十》中说:"乡人傩,朝服而立于阼阶。"此外,《吕氏春秋·季冬纪第十二》中也记载道:"命

第十一章 守岁接长筵——除夕

有司大傩，旁磔（zhé），出土牛，以送寒气。"

不过《吕氏春秋》中并没有说当时的大傩是在腊月哪一天举行。到了汉魏时期，大傩应该是在腊日的当日或者是前一天举行。因为南朝宋范晔在《后汉书》中记载："先腊一日，大傩，谓之'逐疫'。"这里的"先腊一日"就是腊祭的前一天。

后来，大傩举行的日子越来越往后延。南朝的宗懔在《荆楚岁时记》中写道："正腊旦，门前作烟火、桃神、绞索、松柏，杀鸡着门户，逐疫。"这里的"正腊旦"是指腊日当天的早晨，从宗懔的记载中可以看出这些活动基本跟大傩的活动一致。

到了东汉时期，应劭在《风俗通义》中记载道："县官常以腊除夕饰桃人，垂苇茭，画虎于门，皆追效于前事，冀以御凶也。"从这句话可以看出，当时驱邪的习俗已经挪到了"腊除"那天的晚上进行。这个时间已经跟除夕越来越近了。

《晋书》中记载："岁旦常设苇茭、桃梗、磔鸡于宫及百寺之门，以禳恶气。"注意，这里的"岁旦"就是我们现在的春节，从这个记载中可以看出当时人们是在春节当天的早上举行驱邪仪式。

后来，《南齐书》中则有"岁尽，城门磔雄鸡，苇索桃梗，如汉仪"的说法，这里的"岁尽"指的就是年末最后一天。而《魏书》说北魏时期就有"岁除大傩之礼"。自此，"大傩"也就成了今天我们所说的除夕了。

二、古人在除夕夜做什么

虽然古人过除夕夜的方式跟现代不同,但是大家对家庭的热爱、对幸福的渴望却是一样的。

不管时间过去了多久,人们除夕夜的活动也无外乎吃喝玩乐,不过具体内容可能会有所不同,古人除夕夜会吃什么,玩什么呢?

一、消夜果

古人在守夜时,会备上守岁食物——消夜果。南宋名臣吴潜在《永遇乐》中说"火城春近,金莲地帀(zā),消夜果边曾语",还有"如今闲院,峰残蛾褪,消夜果边自语"。

消夜果,是从宋朝宫廷中流传开的。消夜果是什么?宋人吴自牧在《梦粱录》中记载道:"除夕,内司(内务府)意思局(宫中机构)进呈消夜果子盒,盒内簇诸般细果:时果、蜜饯、糖饯等品。"从这段话可知当时的消夜果子盒里面有一些时令水果,还有蜜饯、糖饯等食物。

这个习俗一直延续到清朝。清朝李光地在《御定月令辑要》中记载："苑修内司各进消夜果儿，以大盒簇钉凡百余种，如蜜饯、珍果，下至花饧（xíng）、萁豆，以至玉杯、宝器、珠翠、花朵、犀象、博戏之具……"可见当时的消夜果除了吃的，还有戴的、玩的等。

二、娱乐活动

清朝史梦兰在《全史宫词》中收录了这样一首宫词："宣德楼前月色明，御街处处听鸣钲。深宫叶子消长夜，容易虾蟆报六更。"这里的"叶子消长夜"说的就是宋朝人们消夜时玩一种牌戏叶子戏，据说宋太祖赵匡胤就非常喜欢这种游戏。

宋朝在除夕之夜还有很多娱乐活动，比如升官图、双陆棋、关扑等。南宋人西湖老人在《西湖老人繁盛录》中记载了除夕时杭州城内的盛况。他说："御街应市，两岸术士有三百余人设肆，年夜抱灯，及有多般，或为屏风，或作画，或作故事人物，或作傀儡神鬼，驱邪鼎佛……亦有中样合装者，名为消夜果儿，乃京城乡风如此。"从这段话可以看出，除夕夜沿街的商铺都悬挂灯笼，继续营业，还有各种表演，非常热闹。

《风土记》提道："除夜，祭其先竣事，长幼聚饮，祝颂而散，谓之分岁。"

三、你知道春联的由来吗

《山海经》记载：在东海之上有座桃都山，山上住着各种妖魔鬼怪，不过这些鬼怪出门的时候都要经过山上一棵大桃树枝形成的大门。天帝怕鬼怪到人间作乱，便派了神荼和郁垒两名神将把守大门。

于是，人们每到过年时就会在两块桃木板上刻下"神荼"和"郁垒"的名字，然后把它们挂在门的两边，据说可以驱灾压邪。这种桃木板就是"桃符"。

中国自古以来就认为桃有辟邪的作用。《礼记·檀弓下》中说："君临臣丧，以巫祝桃茢（liè）执戈，（鬼）恶之也。"这里的"桃茢"就是桃木柄笤帚，古人认为它具有驱鬼除邪的作用。《庄子》中说："插桃枝于户，连灰其下。童子入而不畏，而鬼畏之。"可见当时的古人也认为桃枝有辟邪的作用。

东汉《风俗通义》一书中说："县官常以腊除夕饰桃人，垂苇茭，画虎于门，皆追效于前事，冀以御凶也。"这段话的意思就是汉代的时候，腊日的夜里人们流行在门旁边装饰桃梗（人）。

《荆楚岁时记》中记载："造桃板著户，谓之仙木。"从这句话可知，南北朝时已经出现了桃板。

到了唐末，出现了"桃符"一词。唐末五代人韩鄂在《四时纂要》中明确指出："仙木即今之桃符。"这句话的意思是桃符就是以前的桃茢、桃梗（桃枝）、桃人、桃板等。

到了宋朝流行在桃木板上画神荼、郁垒像并标名字。北宋高承在《事物纪原·桃版》中讲述桃都山的故事后写道："故今世画神像于板上，犹于其下书'右郁垒，左神荼'，元日以置门户间也。"

春联和福字

记载北宋风俗的《岁时杂记》一书中说，当时还流行在桃符上写一些祝福语，这就是早期的对联了。

第十一章 守岁接长筵——除夕

元代时,桃符上面的文字开始有了七言诗的形式。比如,郭钰在《静思集》写道:"屠苏酒暖破朝寒,旧写桃符忍再看。"谢应芳在《龟巢集》中说:"邻舍三元日,桃符七字诗。"

明朝时,桃符开始变成了春联。明代文人陈云瞻在《簪云楼杂话》中记载:"春联之设,自明太祖始。帝都金陵,除夕前忽传旨,公卿士庶家门口须加春联一副,在帝微行时出现。"从此,春联开始在全国各地流行起来,也成为除夕的一个习俗。

四、除夕的传统习俗

除夕,在国人心中是具有特殊意义的,是一年中一个极其重要的日子。漂泊再远的游子也是要赶着回家去和家人团聚,除旧布新,阖家团圆,祭祀祖先。

除夕自古就有祭祖、守岁、吃团圆饭、贴春联、挂灯笼等习俗流传,经久不息。

一、吃年夜饭

对中国人来说,除夕是极为重要的。除夕夜的年夜饭也叫团圆饭,这一天一家人要团聚在一起,准备辞旧迎新。

年夜饭非常丰盛,包括大菜、冷盆、热炒、点心等。北方年夜饭通常会有饺子、鱼、年糕、长寿菜等。饺子像金元宝,所以象征富贵;"鱼"和"余"同音,年夜饭的鱼不能吃完,这样就"年年有余";年糕象征"年年高升";

第十一章 守岁接长筵——除夕

吃长寿菜，则意味着长寿之意。南方则有龙虾、爆鱼等煎炸食物，象征家运兴旺如"烈火烹油"。

二、祭祖

《荀子·礼论》说："天地者，生之本也；先祖者，类之本也。"从这句话我们看出古人非常尊敬祖先，所以很多节日都有祭祀祖先这一项活动。各地祭祖的形式各不相同，有的直接去瞻拜祖墓，有的则到宗祠去祭拜祖先，不过大多数是在家中祭拜祖先的牌位。

三、守岁

除夕守岁的习俗由来已久。除夕夜灯火通宵不灭，曰"燃灯照岁"或"点岁火"。除了所有房子都点上蜡烛，还专门在床底点灯烛，遍燃灯烛，谓之"照虚耗"，据说如此照过之后，就会使来年家中财富充实。南北风俗各异，古时北方守岁习俗主要为"熬年夜"（通宵守夜），如晋朝周处所著的《风土记》中说：除夕之夜大家各相与赠送，称"馈岁"；酒食相邀，称"别岁"；长幼聚饮，祝颂完备，称"分岁"；终岁不眠，以待天明，称"守岁"。有的地方在除夕之夜，全家团聚在一起，吃过年夜饭，点起蜡烛或油灯，围坐炉旁闲聊，通宵守夜，象征着把一切邪瘟病疫照跑驱走，期待新的一年吉祥如意。

四、放爆竹

爆竹是中国特有的一种事物，也叫"爆仗""炮仗"。

《通俗编排优》记载道:"古时爆竹,皆以真竹着火爆之,故唐人诗亦称'爆竿'。后人卷纸为之,称曰'爆竹'。"后来,随着时间的推移,爆竹的花样越来越多,用途也越来越多,人们会在午夜交正子时,燃放爆竹来庆祝新年。

五、除夕的神话传说

除夕具有悠久的历史，关于它的神话传说很多，且已经广为流传。为了增添节日气氛，今天我们就讲一个"七郎射夕"的故事吧。

相传在很久很久以前，有个叫"夕"的妖怪。这个妖怪非常坏，还有一个特别的嗜好，如果看到漂亮的姑娘，晚上就要去将其糟蹋后再吃掉。大家虽然对其恨之入骨，但因为夕凶猛异常，又对它无可奈何。

有一个叫七郎的年轻猎人，不仅射术惊人，力气还特别大，还有一条威武的猎犬，这条猎犬不惧怕任何猛兽。七郎看到大家被夕害得都快活不下去了，非常生气，决定除掉夕这个妖怪。

从此以后，七郎除了打猎并苦练自己的技能外，就带着他那条威武的猎犬四处寻找夕的下落。不过找来找去总是找不到，原来夕白天不敢出来，等太阳落山后才敢出来害人，干完坏事赶紧躲起来，所以没人知道它住在哪里。

　　七郎没有放弃，一直苦苦寻找，转眼就到了腊月三十。这一天，他来到一个大镇子，看到大家正在准备过年。七郎心想这个镇子大，漂亮的姑娘肯定多，没准夕就会过来。于是，七郎就跟镇上的人商量，让他们今天晚上不要睡觉。如果发现夕，就找一些敲得响的东西使劲敲，因为夕最害怕响声了。通过大的响声把夕吓出来，他好射杀它。镇上的人都答应了，他们准备了一些敲得响的东西放在家中。

　　三十这天晚上，夕真的来了。它刚闯进一户人家就被发现了，于是，这家人马上敲起屋子里的盆盆罐罐，镇上的人听到响声都跟着敲了起来。夕听到响声，吓得四处乱窜，正好被七郎看见。七郎放出自己的猎犬去拖住夕，自己则拉弓射箭，跟夕斗在一起。

　　夕看自己斗不赢，就想逃跑，却被猎犬咬住了后腿。正当夕跟猎犬战斗的时候，七郎趁机对着夕射出猛烈的一箭，夕应声倒地而亡。

　　从那以后，人们就把腊月三十这一天称为"除夕"。这天晚上，家家户户不睡觉守岁，放爆竹，以示驱除了邪恶，迎接美好的新年。

　　"夕"的故事和"年"的故事相像，其实这都是民间

第十一章 守岁接长筵——除夕

传说。这样的民间传说包含了我国古人在辞旧迎新之时的一些朴素的感情,寄托着人们克服困难,迎接美好新一年、新一天的祝愿。